Erklärt mir bitte dieses Leben

von Gabriele Kuppe

Manchmal wiederholt sich im Leben alles, so wird es auch in diesem Buch ab und an vorkommen.

Jedoch hat alles seinen Sinn.

Gabriele Kuppe

Erklärt mir bitte dieses Leben

Bibliografische Information der Deutschen Nationalbibliothek:
Die Deutsche Nationalbibliothek verzeichnet diese Publikation in der Deutschen Nationalbibliografie; detaillierte bibliografische Daten sind im Internet über http://dnb.dnb.de abrufbar.

Cover/Foto: Gabriele Kuppe

Herstellung und Verlag: BoD – Books on Demand, Norderstedt

ISBN: 978-3-7448-7098-6

Vorwort

Das Leben gibt uns Menschen viel Rätsel auf und wir kommen alle einmal an einen Punkt, da fragen wir uns nach dem Sinn des Lebens. Aber wenn wir es uns selbst nicht beantworten können, wer sollte uns dann eine Antwort geben?

Fast jeder Mensch glaubt an einen Schutzengel, aber für viele Erdenbürger sind Engel noch nicht real genug.

Seit geraumer Zeit bin ich in der glücklichen Lage Botschaften von meinen Engeln zu erhalten. Für mich war das anfangs auch alles recht neu. Nun bin ich dankbar dafür, dies erleben zu dürfen.

So fragte ich meine Engel nach dem Sinn des Lebens und bekam hierauf Antworten, die ich Ihnen nicht vorenthalten möchte.

Dieses Werk ist nicht nur für Menschen geschrieben, die an Gott und die Engel glauben, sondern für alle Menschen.

Was mich hier erwartet ist für mich genauso spannend wie hoffentlich für Sie als Leser, denn ich setze mich hin, schreibe und weiß nicht einmal wie das nächste Wort der Erzengel und Engel lautet. Unglaublich klingt das sicher jetzt. Das kann ich gut verstehen, aber es ist so.

Rasend schnell vergeht die Zeit hier auf der Erde und man fragt sich oft: Hat man alles richtig gemacht? Hat man aus Liebe gelebt oder nur aus Habgier, Sucht oder nach dem Willen anderer Menschen? Beugt man sich manchmal dem Willen anderer, damit man „seine Ruhe" hat oder weil man finanziell abhängig ist? Beugt man sich, weil man den anderen liebt und ihn nicht verletzen will? Beugt man sich, um des „lieben Friedens" Willen, damit man bequemer leben kann? Alles sollte man aus Liebe tun, ob man dafür geliebt wird, steht wahrscheinlich auf einem anderen Blatt Papier. Dass man leben sollte mit der Liebe ist eigentlich klar, aber leider scheint das noch immer nicht bei jedem Menschen angekommen zu sein.

Dabei könnte die Welt so viel friedlicher und liebevoller sein. Das wünschen sich wahrscheinlich auch die meisten, aber warum leben sie es dann nicht?

Man begegnet Menschen, die sich anders benehmen, wenn andere dabei sind. Aber warum? Niemand ist ein anderer Mensch, nur weil gerade Frau X oder Herr Y neben einem steht oder sitzt. Also warum benehmen sich dann manche Menschen so anders? Vielleicht weil sie anderen gefallen möchten? Weil man ihnen beibringen will, wie man zu leben hat? Oder einfach nur, weil man sich nicht blamieren will?

Aber wie kann man sich blamieren, nur weil man sich und die Liebe vertritt oder gar nur seine eigene Meinung hat? Muss man jedem Menschen gefallen? Derjenige, der einem gerade gegenübersteht kann innerlich anders denken und gibt es nur nicht zu, weil er die Anerkennung anderer nicht verlieren will. Ja, Anerkennung ist für viele Menschen sehr wichtig. Manche scheinen wirklich nur für die Anerkennung durch andere zu leben.

Aber warum ist es ihnen so wichtig? Weil es ihnen an Liebe fehlt? Weil sie nie die Liebe gespürt haben?

Eigentlich ist alles ganz einfach und sicher auch das, was Gott einst wollte: Liebe ist kostbar. Liebe zu schenken, zu leben und anderen Menschen und Tieren hilfreich zur Seite zu stehen, das ist edelmütig.

„Gott ist das Licht und die Liebe", so schreiben es mir meine Engel immer wieder und ich bin dankbar für dieses Geschenk, das mir zurückgegeben wurde. Jahrelang habe ich zwar gebetet, aber durch ein Erlebnis fast damit aufgehört. Manchmal hatte ich dann Zweifel an Gott zu glauben. Nun spüre ich die Liebe Gottes wieder. Die Liebe meiner Engel und die Liebe zu mir selbst kam langsam zurück. Ein wunderbares Geschenk.

Die Liebe erträgt alles, duldet alles, gibt alles, so habe ich das von einem Satz aus der Bibel in Erinnerung. Glaubt man das, so ist die Welt einfacher zu erklären.

Liebe ist stark, aber sie kann auch schwach sein. Man kann schwach sein, wenn man zu viel liebt. Aber trotzdem lohnt es sich zu lieben, da die Liebe Gottes Allmacht ist. Liebe ist stark, Liebe ist Licht, Geborgenheit und Wärme. So findet man Kälte, wo keine Liebe ist, denn Kälte ist ein Zeichen von Leb- und Lieblosigkeit.

Macht Liebe wirklich blind? „So steht es in vielen Schriften eurer Zeit", schrieb mir Erzengel Metatron. Sieht man das nicht häufig bei uns Menschen? Da macht man Sachen, die man sonst nicht tun würde, nur weil man andere nicht enttäuschen will oder kann. Aber ist es nicht ein großer Unterschied ob man liebt, weil es gerade das Richtige zu sein scheint oder zum Beispiel aus Geldmangel, Bequemlichkeit oder Habgier? Oder ist es einfach nur die Liebe aus reinem Herzen, wo Liebe Fürsorge, Zuneigung, einfach Wärme, Geborgenheit und auch sehr viel Kraftaufwendung für Kranke oder Einsatz für andere ist?

„Liebe sollte aus dem Herzen kommen und nicht aus der Macht des Geldes, der Habgier oder Sucht."

So wurde es mir am 31. Dezember 2011 von Erzengel Metatron diktiert. Seine Schrift war wieder klein und so, wie es mir schon beim ersten Buch zu Ehren meiner über alles geliebten Kater David und Dennis diktiert wurde. Sie beispielsweise waren und sind für mich der Inbegriff der Liebe. Heute weiß ich, dass sie auf diese Erde kamen, um meine Familie und mich zu retten. David und Dennis taten alles, was geschah, aus Liebe, aus reiner Liebe.

„Alles wird gut", so schreiben sie es mir immer wieder in ihren Botschaften. Selbst wenn das recht ungewöhnlich erscheint, aber auch verstorbene Tiere werden zu Engeln. Anfangs wollte oder konnte ich das selbst nicht glauben, aber es ist so.

In unseren Herzen sind wir Menschen bei Verlust oft lange traurig. Wer Liebe lebt, der kann und darf auch traurig sein.

Liebe ist ein kostbares Gut, aber manchmal ein trauriger Unterpfand. Denn Liebe ist nicht nur Freude, sondern kann auch Leid sein. Liebe ist eben alles. Wir Menschen sehnen uns nach Liebe. Die Sehnsucht nach Liebe ist oftmals so stark, dass wir Schmerzen dafür ertragen.

Wir Menschen zeigen oft Gefühle, sei es durch weinen, in Wutausbrüchen oder anderem Verhalten. Gefühle können, wie alles, guter und böser Natur sein. Weinen bedeutet doch, dass man um etwas trauert, sei es der Verlust eines geliebten Menschen, eines geliebten Tieres oder anderem Verlust. Weinen können Menschen aber auch aus Trotz, aus verpassten Chancen im Leben oder gar auf Knopfdruck, um andere zu besänftigen oder sogar zu betrügen. Nur um ein Ziel zu erreichen, sollte man nicht weinen oder falsche Gefühle zeigen. Aber, so wird es Ihnen vielleicht auch schon einmal ergangen sein, geben Menschen einem Zweifel auf, selbst wenn sie vermeintlich weinen.

„Auch hier wird falsches Zeugnis abgegeben", so die Worte des Erzengels Metatron, der mir bei diesen Zeilen half. Gefühle können sehr vielfältig sein, sie sind echt oder gar nur gespielt. Doch wie soll man das denn unterscheiden?

Es gibt die Form der Gefühle doch in allem, was wir tun. Sei es aus Liebe, aus Eifersucht, aus Neid oder anderen Beweggründen. „Gefühle aus reiner Liebe sind echt. Gefühle aus Eifersucht sind oftmals echt, aber können auch nur ein Ausbruch des eigenen Egos sein, das verletzt ist, ob nun begründet oder unbegründet. Gefühle aus Neid sind echt, da Menschen auf etwas zurückgreifen, dass sie nie erreicht haben oder einfach nie erfahren durften. So können Menschen auf andere eifersüchtig sein, weil sie etwas haben, was sie nie kennenlernten und es sicher manchmal nur für sich selbst wünschen", so schrieben es mir meine Engel.

Ein einfaches Beispiel: Eine Familie, ob Mensch oder Tier, versucht harmonisch miteinander zu leben, denn sie lieben sich ausnahmslos. Viele neiden das Familienidyll. Wie kann das sein, dass sie nur gemeinsam auftreten? Sie müssen sich doch mal „abnabeln", wie es so schön heißt. Wieso abnabeln? Eine Familie, wenn sie sich liebt, lebt zusammen und hält zueinander. Jeder sollte für sich entscheiden, in welcher Form er das tut.

Familie zu haben, sich zu lieben, zusammen sein wollen, harmonisch gemeinsam einen Weg gehen, das ist doch etwas Einmaliges und Kostbares. Viele wissen es nicht zu schätzen. Leider müssen Liebende oftmals auch Hohn und Spott für die reine Liebe ertragen. Trotzdem bringt es keiner fertig, diese Liebe zu zerstören. Sie geht über den Tod hinaus, die wahre Liebe.

„Liebe ist ein Geschenk Gottes, denn Gott ist die Liebe. Helfend, aufopfernd, wirklich und unendlich ist die Liebe", kam die Antwort von Erzengel Metatron.

Das Leben hält schon von Geburt an viel für uns bereit. Da schlüpfen wir durch den Geburtskanal, so wird es immer wieder beschrieben. Bevor man auf diese Welt kommt, sucht man sich alles aus. Das kann man sich nicht so richtig vorstellen, obwohl ich ja mittlerweile viel dazugelernt habe, was alles so sein kann. Vieles kann man mit dem Verstand nicht begreifen oder will es einfach nicht verstehen. Aber ein Gefühl, das Herz, sagt manchmal etwas anderes. „Verstand und Herz ist ein Unterschied", so die Worte meiner mich begleitenden Engel.

Als Beispiel nehmen wir einmal eine Frau, die sagt, sie hätte ihren Mann mit dem Kopf, also ihrem Verstand, geheiratet, nicht aus Liebe. Sie weiß nicht, was Liebe ist oder besser gesagt, wie man es definieren soll. Ihre Ehe wird geschieden und sie fragt sich, warum das passiert ist. Aber wie kann man nicht aus Liebe heiraten? Man trifft diesen Menschen, der anziehend, wunderbar und liebevoll einem begegnet. Sex spielt oft eine große Rolle und das passiert nicht immer aus Liebe. Doch mit der

Zeit hat Sex auch in der Ehe nur eine Nebenrolle. Aber die Liebe, wenn sie denn die wahre Liebe ist, bleibt.

Manche erleben die Liebe erst im Alter, wenn sie vielleicht bemerken, was es wirklich bedeutet, das Wort: Liebe. Viele heiraten ältere Partner, weil sie abgesichert sein wollen, weil sie wirklich den Partner für ihr Leben gefunden haben oder einfach nur Zuwendung der liebevollen Art sich wünschen. Das Alter braucht keine Hemmschwelle für die Liebe zu sein. Den einen erreicht sie früher, den anderen später. Einzig wichtig ist, dass diese Liebe echt ist und aus vollem Herzen kommt, nicht etwa aus Berechnung. Geld, Bequemlichkeit ist zum Beispiel Berechnung, aber auch der Versuch, einfach nicht alleine zu sein. Viele haben Angst vor dem Alleinsein und holen sich dann Partner, um durchs Leben zu gehen, obwohl sie tief im Herzen gar nicht davon überzeugt sind, dass sie wirklich Liebe empfinden.

Es gibt sicher einige Menschen, die gar nicht wissen, was Liebe empfinden überhaupt bedeutet, weil sie es von zu Hause aus nie gespürt haben. Sei es durch fehlende Mutterliebe, durch Zank und Streit der Eltern, einfach nur durch Lieblosigkeitsempfinden statt des kostbaren Gutes der Liebe.

„Liebe zu spüren ist Wärme, Licht, Leben", so beschrieben es mir meine Engel.

Fahren viele Menschen nicht aus dem Grund ans Meer, um sich dort in die Sonne zu legen und sich wohl zu fühlen, wenn sie die Wärme der Sonne erreicht? Das mag für einige jetzt komisch klingen, aber ist es nicht so, dass diese Wärme der Sonne einem neuen Lebensmut und gewisse Lebensfreude wieder gibt, die man im Alltag schon verloren hatte?

Sonne tanken gibt uns Kraft. Kraft zu haben für alles, was man im Leben zu bewältigen hat, ist wichtig. Fühlt man sich kraftlos, kann man einfach nicht mehr so weitermachen. Jedenfalls nicht so, wie man es gerne möchte. Manchmal fordert der Alltag viel von uns Menschen. Sei es einfach nur im Berufsleben. Vielleicht erlernt man einen Beruf, den man gar nicht will. Man tut das, um nur versorgt zu sein. Geld muss man verdienen. Leider braucht man Geld zum Überleben auf der Erde. Sicher gibt einem der Beruf einen gewissen sozialen Status. Übt man keinen Beruf aus, wird man nicht mehr so ganz in der Gesellschaft akzeptiert.

Dieses akzeptiert werden von anderen Menschen spielt immer wieder eine große Rolle in unserem Leben.

Anerkennung bekommen, sei es nur ein wenig davon, ist für manche Menschen schon lebenswichtig.

Aber was ist Anerkennung? Eventuell nur ein Ersatz für Liebe? Auch Liebe, die man hätte in der Kindheit schon spüren sollen und es nicht tat, weil die Umstände durch Mutter oder Vater nicht gegeben wurden.

„Liebe ist ein kostbares Gut und es sollte jeder Liebe spüren."

Mühevoll versucht man oft, anderen Menschen Liebe zu schenken. Doch viele nehmen die Liebe erst gar nicht an, weil sie es ablehnen, wirklich geliebt zu werden. Aber warum lehnen sie es vehement ab? Warum ist um sie herum nur so viel Kälte?

Meine Engel beschrieben mir das so: „Menschen, die von Kälte umgeben sind, haben keine Geborgenheit und Zuwendung gespürt. Ihnen fehlt die Erfahrung der wahren Liebe, sei es schon von Geburt an. Da wachsen sie in einen Menschen hinein, der von Anfang an keine Liebe spürt, weil sie ihm nicht mit auf den Weg gegeben wurde. Die Liebe durch die Mutter oder den Vater kann das kleine Wesen nicht spüren, sei es, weil diese Frau oder dieser Mann von ihren/seinen Eltern keine Liebe bekam. Nun setzen sie ein Menschenkind in die Welt und sind oftmals mit ihren eigenen Gefühlen vollkommen überfordert. Aus Geldmangel, aus eventuell fehlendem Selbstwertgefühl, aus Scham, wie auch immer. Doch so ein Menschenkind wird geboren, damit es geliebt wird. Jeder Mensch, jedes Lebewesen, hat ein Recht auf Liebe. Liebe ist so viel mehr."

Es gibt viele verschiedene Arten der Liebe: Liebe, die von Herzen kommt. Liebe, die gibt, weil sie niemand anderen findet. Liebe, die gegeben wird, um Sicherheit zu haben, sei es auch nur finanzieller Natur. So viele Menschen wollen finanziell einfach nur abgesichert sein und suchen sich deshalb einen angeblich liebevollen Menschen zum Zusammenleben aus, obwohl das keine reine Liebe ist, sondern nur Eigensucht, Eigenmacht und Eigenliebe. Würde es die wahre Liebe sein, so würde man selbst in Armut und Verzicht mit demjenigen durchs Leben gehen wollen. Arm sein bedeutet nicht gleich ungeliebt zu sein. Man kann viel Geld haben und wird nur geliebt, weil man anderen etwas bieten kann. Doch das ist keine echte Liebe, sondern nur Eigenliebe.

Zum Beispiel sagt eine Frau, sie liebe Tochter und Sohn, aber sie könne es ihnen nicht wirklich zeigen, da sie selbst nie Mutterliebe gekannt hat. So gibt sie an ihre Kinder weiter, was ihr fehlte. Sie spürte keine Liebe. Liebe zu geben ist aber etwas Wunderschönes. Warum überträgt der eine dem anderen dann diese Gefühlswelt?

Meine Engel schrieben mir dazu folgendes: „Liebe ist ein hohes Gut, das euch Menschen geschenkt wird. Doch ihr lebt mehr als einmal, auch wenn viele von euch das nicht wahrhaben wollen. Der Wille eines Einzelnen ist auch ein wichtiger Punkt, denn ihr habt alle euren freien Willen, so von Gott gegeben. Der Wille, den Gott euch mitgibt, ist die Liebe zu leben, die reine

Liebe. Doch durch Jahrhunderte steht die Macht des Bösen, der Lieblosigkeit, zwischen euch Menschen. Dazu berichten wir dir und deinen Lesern mehr. Alles wird gut. Amen."

Lieblosigkeit spürt man oft bei Menschen, auch, dass sie nie richtig zuhören. Dann ist die Misere da. Missverständnisse, Unverständnis, falsches Zeugnis, so schnell kann das gehen. So entstehen viele Streitereien, die gar nicht sein müssten, wenn Menschen nur besser zuhören würden.

„Es könnten so viele Familienzwiste, Freundschaftszwiste, sogar politische Äußerungen, wie auch immer, verhindert werden, wenn der Mensch lernt, richtig hinzuhören. Dazu haben viele noch die merkwürdige Gabe, etwas dazu zu tun, was gar nicht stimmt, was der andere auch gar nicht damit gesagt hat oder damit sagen wollte."

Das Leben könnte so einfach sein. Leben ist für viele Menschen aber nur eine Last. Sie sind ständig unzufrieden und dann neidisch und eifersüchtig auf das, was der andere hat, was er vielleicht gerne hätte und sei es nur die geringste Kleinigkeit.

Warum spürt der Mensch nur so viel Neid und Eifersucht? „Weil Menschen alles, was sie nicht haben, haben wollen", schrieben mir meine Engel. Aber man kann doch nicht alles haben!

Jeder sollte so leben können, wie er möchte. Denn es ist sein/ihr Leben, nicht das Leben des anderen. So kann man keine Entscheidung für jemanden treffen, denn jeder kann und sollte alleine entscheiden, wie und was er machen will. „Der Wille eines jeden ist frei", so beschrieben es mir meine Engel. „Doch rauben sich manches Mal die Menschen selbst ihren freien Willen, weil sie sich zu viel von anderen abhängig machen."

Geht man zum Beispiel in eine Beziehung mit einem anderen, weil man nur mit dem Verstand lebt, weil man abgesichert sein will? Dann muss man sich später nicht wundern, wenn man nicht damit zurechtkommt und den anderen nicht so akzeptieren kann, wie er ist. Denn der andere, der einem vielleicht nur finanziell gesehen, Liebe schenkt, weiß manchmal um seine geldliche Macht und wird es früher oder später benutzen, um einen emotional an sich zu binden. So lebt man das Leben des anderen, aber vielleicht nicht sein eigenes Leben.

Sie tut manchmal weh, die Liebe, denn wir lieben aus Leidenschaft, wenn wir denn wirklich lieben. Liebe kann regelrecht Schmerzen verursachen. Aber tut man das nicht gerne, wenn man wirklich liebt?

Nichts und niemand kann die wahre Liebe zerstören, denn sie ist stark und rettet sogar Leben, egal auf welche Art.

Liebe ist einzigartig, göttlich, machtvoll und ein Geschenk, das viele Menschen nicht zu schätzen wissen. Liebe ist mehr als nur ein einfaches Wort.

Ein Wort, das für manche Menschen nichts bedeutet, außer ihrem eigenen Sinn und ihren eigenen Gedanken nachzugehen, aber niemals andere mit einbezieht.

Eigenlob, Eigenliebe, Selbstsucht, Selbstverliebtheit, oft hört oder liest man davon. Menschen lieben sich selbst mehr als die anderen, damit sie ihren Egoismus durch alle Instanzen hindurch leben können.

Wieso sind viele Menschen den anderen so missmutig gegenüber, wo sie doch Liebe geben könnten, wenn sie nur wollten? Meine Engel beschrieben das so: „Menschen mit Selbstliebe sind oft durch andere verletzt worden oder von Geburt an so konstruiert. Wegen der Macht der Liebe sind sie aber nur in sich selbst verliebt, nie in andere. Sie könnten ihr eigenes Lebenswerk, was sie sich schaffen, um zu leben, zerstören."

„Wenn der Mensch zum Beispiel nur an sich selbst denkt und nicht an andere, so vermisst er oftmals die Liebe in sich und ersetzt dies durch die angebliche Liebe zu sich und anderen. Dieser Mensch überträgt die Zweifel an einen anderen Menschen, weil er nur das akzeptiert, was er glauben will und kann. Seine Möglichkeiten, weit vorauszuschauen, sind begrenzt. Oft so begrenzt, dass er an seine eigentliche Aufgabe, die anderen zu lieben, nie herankommt. Er sieht nur sich, die anderen Menschen sind ihm völlig egal. Andere blendet er durch gute Worte, die ihm gerade belanglos einfallen, doch sind diese Worte oft nicht ehrlicher Natur und dienen nur dem Selbstschutz, dem Eitelkeitsdenken oder Ausübung einer Macht, damit man sich besser fühlt. Diese Leute, die andere blenden, sind selbstverliebt oder einfach nur verletzt und geben anderen die Schuld für die Lieblosigkeit, die ihnen widerfahren ist."

„Menschen können verletzt werden, wenn ihre Seele müde ist. Müde durch die Verletzungen, die andere ihnen zugefügt haben. Durch andere, die oft nur ihrer Selbstverherrlichung dienen, denn der müde Mensch ist ein Opfer für andere, die ihr eigenes Selbst als verletzbar ansehen und Eigenschutz aufbauen", schilderten es mir meine Engel.

Doch warum üben sie diesen Schutz vor sich und anderen bei Schwächeren aus? Wäre es nicht gerechter oder besser, diesen Schutz oder wie immer man das bezeichnen will, bei denen auszuüben, die einen verletzt haben oder stärker sind? „Ja, das wäre es sicher, aber den Schwachen sucht man sich aus, um keinen Widerstand zu erhalten, so können diese Leute sich besser wehren." Doch da wehrt man sich beim Falschen, denn diejenigen, die es besser „verdient" hätten, lässt man in Ruhe, um wieder Eigenschutz zu bilden.

Also bekommen die Schwachen wieder das, was sie gar nicht verdient haben. Sie müssen die Lieblosigkeit des anderen Mitmenschen spüren. Wild schlagen Menschen um sich. Verbal, nonverbal, wie auch immer. An die Menschen, die man verletzen könnte und die unschuldig an allem sind, denkt man nicht. Man greift diese Menschen an, obwohl man selbst angegriffen wurde. Schöne Gerechtigkeit!

Gerechtigkeit ausüben, ja, wer gibt einem das Recht, so zu handeln? Mancher will Gerechtigkeit für etwas, wofür der andere gar keine Schuld oder Verantwortung trägt. So werden viele falsche Urteile dem anderen gegenüber gebildet. Es entstehen Streitereien, ungerechte Handlungen jedweder Art, obwohl das Zusammenleben eigentlich so einfach sein könnte.

Menschen müssten mehr mit dem Herzen denken und handeln statt angeblich mit ihrem Verstand. Was drückt dieser Verstand denn aus? Verstand ist doch das, was wir denken, was richtig oder falsch ist. Nur „tickt" jeder Mensch anders.

„Verstand zu haben ist gut, mit Verstand zu handeln ist bedingt gut, denn nicht jeder Verstand ist ein Werk, das mit dem Herzen geführt wird", so diktierten mir das meine Engel am 15. Januar 2012. „Man soll den Verstand gewiss nicht ausschalten, wenn man Dinge hier auf Erden erledigen soll, doch das Herz liegt näher an der Wahrheit als der Verstand, denn der Verstand ist das Hirn eines jeden Einzelnen, so wie er konstruiert wurde oder geltend macht, was er glaubt, zu wissen oder zu erahnen. Doch das muss nicht zwangsläufig korrekt sein."

Leben nur mit Verstand hat auch die Liebe gegeben, aber nicht gelebt. Liebe zu leben hat mit Verstand, aber mehr mit dem Herzen zu tun, weil Liebe das Herz als Mittelpunkt hat. Ohne Herz können wir nicht leben. Die Existenz des Menschen beruht auf dem Herzen. Hört das Herz auf zu schlagen, so kann man nur die Lieblosigkeit und Kälte wieder spüren, denn der Tod ist eingetreten. Doch der Tod bedeutet nicht zwangsläufig die Aufgabe der Liebe, denn Liebe existiert ohne Zeit und Raum. „Liebe ist überirdisch und gelebte Liebe ist allmächtig", so meine Engel.

Engel als Begleitung zu haben, ist etwas Wunderbares und Übersinnliches, doch jeder Mensch, jedes Lebewesen, hat mindestens einen Schutzengel an seiner Seite, auch wenn manche Menschen das für Humbug halten. „Es ist so", diktierte mir Erzengel Metatron. Er konnte mir das Diktat geben, weil ich mich zum Schreibmedium entwickelt hatte. Auch hier musste ich erfahren, dass dies viele Menschen nicht verstehen konnten oder wollten.

Aber das ist Realität und keineswegs erfunden. Doch was ist Realität? Es begegneten mir Menschen, die ich schon lange kannte, die trotzdem an dem sehr zweifelten, was ich nun tat: Nach Diktat schreiben. Meine Hand wurde geführt und keines der Worte kannte ich vorher. Woher auch?

Die Zweifelnden kann ich zwar auf der einen Seite verstehen, aber wieso vertrauten mir diese Menschen, die mich eigentlich hätten kennen müssen, nicht einfach? Vertrauen ist gut, Kontrolle ist besser, heißt es. Ganz sicher werde ich Niemanden dazu bringen wollen, mir zu glauben. Vielleicht kommen sie einmal von alleine darauf, das in jedem meiner Bücher, die ich als „Schreibkraft" für „oben" geschrieben habe, die Wahrheit steht. Hätte ich es bei dem Ausdruck Schreibkraft belassen, so hätte man mir vielleicht eher vertraut, weil ihnen dieses Wort aus dem Wortschatz geläufiger ist. Vielleicht …

Menschen wollen meistens Beweise und Kontrolle haben. Aber warum vertraut man nicht einfach? Erzengel Metatron beschrieb es mir: „Menschen sehen mit dem Herzen nur wenig, weil mit dem Herzen denken, ist Vertrauen schenken. Doch sie sind enttäuscht worden, verletzt worden, schon über Jahrhunderte hinweg und so nehmen sie in jedes Leben, das ihnen neu geschenkt wird, einen Teil davon mit. Solange sie es nicht ändern, dieses Misstrauen oder sich selbst vergessen lassen, was ihnen angetan wurde, so werden sie nie aufhören, Misstrauen in allem zu hegen. Sie werden verfolgt, die Menschen, glauben es kontrollieren zu können, wenn sie anderen die Liebe nicht schenken wollen, um sich selbst zu schützen."

„Wer vertraut, der liebt. Doch Liebe ist mehr als Vertrauen. Liebe ist ohne Zwang, ohne Kontrolle, ohne Risiko zu leben und ohne sich selbst aufgeben zu wollen, weil Liebe eine Allmacht Gottes ist. Amen." So die Worte des Erzengels Uriel, der mich ebenfalls liebevoll begleitet.

Das Leben trägt mich und versorgt mich, diesen Satz habe ich schon mal gehört und Marlene, eine liebe Bekannte, sagte mir immer, ich sollte doch wieder ins Vertrauen gehen. Vertrauen zu Gott haben und meinen Erzengeln und Engeln, die mich begleiten und behüten. Natürlich vertraue ich ihnen, aber manchmal ist es auf dieser Erde gar nicht so einfach zu leben und das erschwert Liebe und Vertrauen. Wir Menschen lieben schon, aber wir leben die Liebe nicht so, wie wir von Gott gewollt diese leben sollten. Die Umstände hier auf der Erde sind manchmal nicht so gegeben und da ist es manches Mal schwer Vertrauen zu fassen. Überall.

Vertrauen ist gut, aber wie kann man Fremden vertrauen? Wie kann ich von anderen das erwarten, was ich selbst meine und glaube? Meine Engel beschrieben mir, dass die Welt sich so stark verändert hat, da böse Mächte uns beeinflussen konnten, da der Mensch sich zum Werkzeug des Bösen gemacht hat. Wieso Werkzeug? Das habe ich auch nicht so recht verstanden. Doch sie erklärten es mir: „Werkzeug bedeutet hier, das ihr Menschen es nicht verstanden habt, was Gottes Wille ist: Liebe zu leben. Stattdessen zwangen euch böse Mächte, die wir nicht näher beschreiben werden, euch Menschen zur Umkehr zu bewegen. Umkehr bedeutet hier = Lieblosigkeit und Kälte. Denn Kälte ist ein kalter Krieg zwischen den Mächten. Den Ausdruck „kalter Krieg" gab es ja schon in der Geschichte der Menschheit, nur im anderen Gleichnis."

„Das Gleichnis von Gut und Böse wird es geben, solange die Menschen nicht gelernt haben, zu lieben. Wahrlich zu leben und zu lieben. Amen."

Gut und Böse, das gibt es oft. Da denkt man über etwas nach und zweifelt an allem. Man kann das Gefühl haben, da sitzt einer links auf der Schulter und sagt: Ja, tu` es. Doch dann kommt einer auf der anderen Seite und lässt Zweifel aufkommen. Das passiert immer wieder. Diese Zweifel sollen offenbar Irreführungen für uns Menschen sein, damit wir vielleicht letztendlich nicht das tun, was richtig wäre. Denn wenn wir zweifeln, dann gelingt uns nicht das, was wir wollen und eventuell gut für uns ist. So geschieht es öfter am Tag, wenn man nicht mit sich und der Welt im Reinen ist. Oftmals gehört, dann abgetan als: Ist doch sowieso alles Quatsch. Dann wieder gezweifelt. Alles nur Machtspiele, sogar im Kopf eines Menschen.

So hilflos, kraftlos und ausgelaugt fühlen sich heutzutage viele Menschen, wissen nicht mehr weiter. Zusammenhalt und Liebe würde hier jetzt stark machen, doch verrennen sich die meisten darin. Sie hasten nach dem, was andere ihnen sagen, weil die ihnen eine Entscheidung abnehmen. Das führt dann dazu, dass man keine eigene Meinung mehr hat und nur nachplappert, wie andere es einem „vorgepredigt" haben. Es wäre besser, man würde das vertreten, was man selbst für richtig hält oder eine Entscheidung selbst trifft und nicht, weil andere das meinen oder einen so geschickt manipuliert haben, um eigene Ziele zu erreichen.

Eigenliebe ist als andere Art der Liebe zu finden. Doch diese Liebe dient nur zu einem Zweck: Sich selbst etwas vormachen, denn Liebe ist ein gegenseitiges Unterfangen und nicht alleine existent. Man sollte sicher sich selbst mögen oder lieben, das ist eine Grundvoraussetzung, um auch anderen Liebe geben zu können. Aber nur sich selbst zu lieben und andere als Werkzeug zu gebrauchen, ist Macht haben wollen. So erhoffen sich viele Leute Macht ausüben zu können und ihr eigenes Ich aufzuwerten.

Viele Menschen lassen ihre Wut an anderen aus, so dass oft Unschuldige darunter leiden, was man eigentlich selbst zu verantworten hätte. Niemand kann schuldig gesprochen werden für etwas, was er nicht getan hat. Das wäre nicht gerecht. Aber gibt es Gerechtigkeit in dieser Welt? Wie viele Menschen sind bereit zu lernen? Denn das könnten sie, wenn sie sich Zeit und Ruhe dafür nehmen würden und nicht Zielen hinterherjagen, die oft nicht ihre eigenen Ziele sind, sondern die eines anderen.

Da wollen manche Menschen anderen Leuten gefallen, um das Lob zu erhaschen, das sie brauchen, um dies zu ersetzen, was sie eigentlich wollten: Liebe. Aber Anerkennung ist nicht nur Ersatz für Liebe, sondern auch das Erheben des Selbstwertgefühls, also der Eigenliebe und des Hirns, unserem Verstand, der nicht ausgeschaltet werden sollte, aber besser genutzt werden könnte.

„Verstand, Liebe, Glaube. Das sind wertvolle Werte, die zusammen das hohe Glück bedeuten könnten, denn im Zusammenspiel wären sie unschlagbar gut. Gut zu sein bedeutet nicht, ob man viel Geld spendet, um anderen zu helfen. Das ist zwar gut, aber gut kann man auch sein, wenn man einfach nur liebt, ohne Geld, ohne Zwang, ohne, das andere bestimmen, was man tut."

„Böse Zungen können einem schaden", schrieben mir meine Engel. Das haben wir sicher schon alle erlebt. Da wird über jemanden abwertend gesprochen, um ihm zu schaden. Aber warum tun Menschen das? „Sie wollen Macht über alles haben, was nicht an sie oder ihre Gedanken sich anhängt", so die Worte meiner mich begleitenden Engel. Aber ich kann doch keinem meine Gedanken aufzwingen? Meine Gedankengänge müssen nicht die des anderen sein. Wenn jemand eine andere Meinung hat als ich, so ist er doch nicht gleich ein schlechter Mensch. „Doch viele Menschen akzeptieren die Meinung des anderen nicht, weil sie Niemanden neben sich dulden", kam die Antwort meiner Engel.

Menschen begegnen einem auf verschiedene Art und Weise. Sie sind höflich, grantig, zielstrebig, willenlos und manches Mal einsam. Eigentlich könnte keiner einsam sein, wenn die Menschen sich besser verstehen würden. Da aber Vieles von vornherein abgelehnt wird, abgetan wird als Humbug oder das kann ja gar nicht sein, wie auch immer, gestaltet sich das Leben oft schwierig. Es gibt viele Interpretationen für nur eine Sache, da jeder es sieht, wie er meint, es zu sehen oder sehen zu wollen.

Bleiben wir einfach nur einmal beim Thema des Verstehens. Mit dem Verstand leben, heißt nicht unbedingt, auch das Richtige zu sehen, denn wer kann schon behaupten, dass alles, was er sieht, richtig ist? Nicht jeder arbeitet wirklich mit dem Verstand, auch wenn manche

Menschen das glauben. „Aber nur, weil sie es glauben wollen. Das ist dann ihr freier Wille, den sie mitbekommen haben, als sie durch den Geburtskanal der Mutter „fielen". Denn der freie Wille sei dem Mensch gegeben", beschrieben es mir meine Engel.

Das ist ja schön, dass man einen freien Willen hat, nur nutzt es einem wenig, wenn man ihn missbraucht. Die Menschen akzeptieren vielfach nicht den Nächsten. Aber warum? „Sie könnten alle friedlich miteinander leben, weil das Leben eigentlich in friedlicher Absicht gekommen ist. Friedvolle Absicht heißt hier: Der Wille Gottes ist die reine Liebe", so meine Engel.

Warum interpretieren dann manche Leute alles so, wie sie es gerne hätten? „Weil sie Macht wollen, immer wieder Macht." Meine Güte, soll denn Macht alles sein? „Gewiss nicht, aber die Menschen sind nun mal unterschiedlicher Herkunft, unterschiedlichen Glaubens und unterschiedlichem Gemüt."

Die Grundvoraussetzung, um alles nicht falsch zu interpretieren, bekommt jeder mit auf seinen Weg, ob er es nutzt oder benutzt, ist der freie Wille. Oh je, ist das kompliziert. Aber warum einfach, wenn es auch kompliziert geht, heißt es ja so schön.

Wir leben in einem Rechtsstaat, hört man oft. Wenn aber Menschen verurteilt oder beurteilt werden, wie sie leben, was andere ihnen eingeflößt haben und sie nicht mehr nach ihrem freien Willen leben oder wie auch immer, wo ist dann die Gerechtigkeit? „Menschen urteilen sehr schnell, weil sie glauben, alleine bestimmen zu können, was Recht und Unrecht ist, denn der Mensch hat nicht nur Positives, sondern mit der Zeit auch Negatives mit auf den Weg bekommen. So unterzieht sich jeder, ausnahmslos, einer Prüfung, wenn er diese Welt betritt", so beschrieb es mir Erzengel Metatron in einem Diktat.

Gefallen muss man keinem, aber man möchte es auch, weil man geliebt, geachtet werden möchte. Aber auch, weil man nur die Wahrheit sagt, kein anderer das glauben will, man aber gerne die Wahrheit akzeptiert haben möchte. Oft wird man für die Wahrheit bestraft, obwohl man sich darüber freuen sollte, das es sie noch gibt: Die Wahrheit.

Menschlichkeit ist ein zwiespältiges Wort, denn menschlich zu sein, das ist für viele Menschen ein gleichgültiges Unterfangen. Gleichgültig deshalb, weil sie sagen und meinen menschlich zu sein, es aber dann doch nur für sich selbst nutzen. Menschlich zu sein bedeutet für andere da zu sein, andere zu ehren, zu lieben und gut zu behandeln. Aber das verstehen manches Mal die Menschen nur für ihr eigenes Dasein. Sie benutzen Menschen, um sich aufzuwerten und eigene Ziele zu erreichen, indem sie liebevolle Menschen mit den verschiedenen Möglichkeiten wie Geld, Macht, Glaube, wie auch immer, an sich binden. Diese Bindung meinen sie an allen Menschen ausüben zu können, doch erreichen sie meist nur die Schwächeren, die Menschen, die ihnen in dem Augenblick unterlegen sind.

Das können liebevolle Menschen sein, die nur zu schwach sind durch Prägungen der Zeit, sei es durch Angst, Mitleid, Selbstvertrauensstörungen, Machtlosigkeit, Hilflosigkeit und fehlender Kraft. Denn ihre Aura, die Hülle des Menschen, ist stark angegriffen.

„Hoffnung ist auch ein Träger des Guten", beschrieb es mir Erzengel Metatron. Er war mein Begleiter, obwohl ich wenig von ihm wusste, doch ich fühlte mich bei ihm gut aufgehoben.

Zur Kommunion eines katholisch getauften Kindes bekommt man als Mädchen häufig die Kette geschenkt mit den Symbolen: Glaube, Hoffnung, Liebe. Als Kind weiß man eigentlich wenig damit anzufangen, aber später als Mensch werden diese Werke wieder aktiver. Man hat als Kind zwar sehr gute Verbindung zum lieben Gott, doch wird man von den Umständen des Lebens mehr und mehr geprägt.

Man lernt dazu oder eben nicht. Man denkt mehr nach oder eben nicht.

Geprägt werden die Menschen durch die unterschiedlichsten Dinge im Leben. Sei es durch fehlende Liebe, durch fehlende Hoffnung und auch durch fehlenden Glauben.

Fehlende Hoffnung, weil man viel erlebt hat, das sich negativ auf die Lebensart und den Lebensmut auswirken kann. Fehlende Liebe, weil man oft lieblosen Menschen begegnet, die vielleicht bewusst oder unbewusst uns in entgegengesteuerter Richtung begleiten oder manipulieren. Fehlender Glaube, der nichts mit Religionen zu tun haben muss, aber mit dem Verstand, der gekennzeichnet wird durch die Ladung der Macht des Hirns, das aktiv auf Liebe eingestellt ist, inaktiv das Gegenteil bewirken kann. Klingt alles kompliziert.

Aber ist es nicht so, dass manchmal der Verstand aussetzt? Sei es beim Sex, beim Geld, beim Manipulieren anderer? Egal wo, die Menschen verstehen nur manchmal das, was sie glauben wollen und das kann eine Fehlentscheidung nach sich ziehen. Egal, wer von uns Menschen das ist, wir haben alle schon falsche Entscheidungen getroffen. Vielleicht haben wir es hinterher bereut und korrigiert oder eben nicht.

Haben wir aus Fehlern gelernt? Oder haben wir es nicht? „Fehler zu machen ist keine Sünde oder Schande. Sie für schlechte Zwecke einzusetzen, wie zum Beispiel andere durch fehlerhaftes Verhalten zu denunzieren, ist falsch. Es wäre gut und richtig, Fehler einzugestehen, sie nicht mehr zu machen und Gutes zu tun."

Aber das machen wohl die wenigsten Menschen. Man könnte ja dem anderen gegenüber Blöße zeigen. Aber wieso Blöße? „Einen Fehler einzugestehen muss nicht zwingend Blöße zeigen sein, doch so sehen und glauben das viele. Es wäre eine menschliche Größe sich gegen die Macht des Blamierens durchzusetzen." Wie kann es eine Blamage sein, Fehler zuzugeben und daraus zu lernen? Aber man denkt hier wieder zu viel an die Meinung anderer, die einem so wichtig erscheint. „Aber Blamage ist nur ein menschlicher Zug, nicht die Größe des Verstehens."

Wir leben oft aneinander vorbei, denn der freie Wille des Menschen ist nicht immer das Himmelreich, wie viele es beschreiben. Das Himmelreich sieht sicher anders aus. „Menschen werden gezwungen, die Menschen zu denunzieren, da ihr Hirn ihnen das sagt."

Scherzhaft sagt man manchmal: Kleinhirn an Großhirn oder so ähnlich. Aber irgendwie stimmt das, denn viele Menschen benutzen den Verstand, um ihn zu missbrauchen, denken aber für sich und andere richtig zu handeln. Leider wieder etwas kompliziert, aber das gehört wohl auch zum Leben.

Kompliziert, um alle Ecken denken, erschwert nur leider das Zusammenleben der Menschen und der Lebensart. So könnte man besser leben, würde man seiner puren Intuition folgen. Diese Intuition, also die innere Stimme in jedem von uns, der erste Eindruck, das Bauchgefühl, sagt einem öfter etwas anderes als der Verstand. Viele glauben, sie müssten mit dem Verstand arbeiten und das wäre dann das Richtige. Nur ist das leider nicht immer der Fall.

Intuitiv zu handeln wäre gut, doch da kommen dann manches Mal wieder Zweifel auf. Wieder dieses Gefühl, was ist nun richtig, was ist falsch? Wieder laufen hier viele Menschen den anderen nach, weil sie glauben, wenn die anderen das so machen, dann mache ich das auch. Nur verrennt man sich oft darin.

Intuition ist das Gefühl, das von „oben" gegeben wird. Doch leider wird das oft verpönt, da „oben". Was ist das und wie kann das alles sein? „Die Leiden der Menschen sind oft deren Zweifel, denn der Zweifel ist die Macht des Bösen, die leider viel zu sehr herrscht, denn die Menschen lassen sich zu stark beeinflussen. Leider."

„Alles hat seinen Sinn", so schreiben es mir meine Engel immer wieder. Doch welchen Sinn soll es haben, anderen Idealen als den meinigen nachzueifern? Andere Ideale müssen doch nicht meine sein. Denn mein Ideal ist das, was ich meine und nicht das, womit ich Anerkennung bei anderen suche und vielleicht gar nicht finden kann.

Aber warum suchen wir nach so viel Anerkennung, können wir nicht ohne diese leben? Für viele Menschen ist Anerkennung ein Ersatz für Liebe, das hatte man mir bereits erklärt. Aber Anerkennung kann auch die Aufwertung des eigenen Ichs sein, denn das ist für viele ja mehr als wichtig. Warum muss man sein eigenes Ich so aufwerten und andere mitziehen? „Weil das der Mensch so entschieden hat", so die Worte von Erzengel Metatron. Das ist der Wille, den wir Menschen haben? Komischer Wille.

„Freier Wille ist auch Macht der bösen Mächte, so merkwürdig das jetzt klingen kann. Da der freie Wille nicht das ist, was Gott sich wünscht, sondern jeder einzeln entscheiden kann, kann man beeinflusst werden. Egal woher."

Ehre sei dem Vater, dem Sohn und dem heiligen Geist, so hört man das immer wieder in der Heiligen Messe. Viele glauben an Gott, seinen Sohn und auch, dass es den heiligen Geist gibt. Aber ehren die Menschen einander? Oft begegnen sie sich respektlos, ehren den anderen nicht, ziehen Menschen vor, die ihnen nur vorgaukeln, ihre Freunde oder Liebenden zu sein. Ehrung ist eine Auszeichnung, das bekommt schon jeder Schauspieler für seine Leistung. Doch welche Ehre erhält ein Liebender? Manchmal nur Hohn und Spott, manchmal nur Respektlosigkeit, weil der, der liebt, auch manches Mal schwach sein kann.

„Wer liebt, ehrt. Wer nicht liebt, sollte es lernen", so schrieben es mir meine Engel der Liebe, die mich seit geraumer Zeit spürbar begleiten.

Natürlich glaubt man, das Richtige zu tun, wenn man liebt, obwohl Liebe oftmals blind macht. Blind, weil man nicht sehen will, was tatsächlich ist. Das kann Verschiedenes sein. Zum Beispiel ist man blind vor Liebe, wenn man den anderen „deckt", obwohl er etwas getan hat, was falsch war. Man sieht es, will es aber nicht sehen.

Nun passiert das häufig im Leben. Keiner kann sagen, dass er nicht schon mal einen Fehler gemacht hat. Ob aus Liebe, ob aus Habgier, ob aus Not. Alle haben wir es wahrscheinlich getan, jeder auf seine Weise. Aber nicht alle handelten aus Liebe. Manche handelten aus Habgier, aus Not oder weil sie sogar ein Verbrechen oder Ähnliches vertuschen wollten. Vielleicht, weil sie nicht erkennen möchten, was Tatsache ist? Das kann aus Selbstschutz, Schutz gegenüber einem anderen Menschen oder pure Angst sein. Angst ist immer ein sehr schlechter Begleiter des Menschen.

Wir fürchten uns oft vor Dingen, Menschen oder Situationen im Leben. Das gehört dazu, denkt man. Aber es könnte doch ohne Angst ein schöneres Leben geführt werden. Angst zu haben ist eine Schwäche, keine Schande. „Doch es wird immer der Schwächere benutzt sein, da Schwachheit auch Angreifbarkeit bedeutet. So werden die Menschen, die schon in irgendeiner Form verletzt oder niedergegangen sind, erneut geschwächt. Irgendwann bricht dieser Mensch dann innerlich und äußerlich zusammen und kann nicht mehr weiter, weil ihr/ihm die Kraft abhandengekommen ist. Durch Liebe kann man diesen Menschen wieder aufrichten, aber leider haben das die wenigsten offenbar verstanden. Es nützt hier sehr wenig, wenn man an diesem Menschen noch mehr lieblos und teilweise auch geschmacklos „herumarbeitet". Dieser Mensch braucht Lebensmut, doch durch viele „gute Ratschläge", die einem gegeben werden, verhärtet man oft die Schwachheit dieses Lebewesens, das eigentlich schon am Boden liegt und nicht mehr kann. Andere meinen es mit ihren sogenannten Ratschlägen vielleicht dann auch nur gut, setzen doch diesem armen niedergeschmetterten Wesen nur noch mehr zu", so die Erklärung von Erzengel Metatron.

„Verstand ist nicht die Liebe, die Liebe ist das Herz", so diktierte Erzengel Metatron es mir. Wir glauben, alles sei gut und doch passieren uns viele Dinge, die wir nicht begreifen können. Man wird gelenkt, geprägt und verletzt durch das Verhalten anderer. Doch das soll so sein, denn es werden uns andere Menschen immer wieder verletzen, prägen und vielleicht manchmal anders lenken, als wir es eigentlich vom Herzen her wollen. Aber was ist da mit unserem freien Willen passiert?

Der freie Wille ist eine positive Entscheidung, die jeder in sich trägt. Doch werden wir oftmals beeinflusst durch andere Menschen, da wir glauben, sie seien für uns gut. Dass diese Menschen vielleicht nur ihr eigenes Ich sehen, uns aber glauben lassen, sie wären uns gut gesonnen, ist die Kehrseite der Medaille.

Häufig denken wir, dass andere Menschen einem gut tun. Vielleicht will man sich nur ablenken oder das Leben in eine vermeintlich „richtige Bahn" lenken? Oder man glaubt von Menschen, die einem sehr nahestehen, nicht vollständig geliebt zu werden. Oft verletzt man Menschen, die einen lieben, weil man es nicht zu schätzen weiß, wer sie für uns wirklich sind. Das kann sogar die eigene Mutter sein, die das Herz öffnet, doch wir stoßen sie von uns, weil sie vielleicht einmal einen Fehler begangen hat, den man ihr nie verzeihen will. Aber wir alle haben und machen Fehler, denn wir sind als Menschen so konstruiert. Aus Fehlern kann man jedoch lernen. Jeder kann das, wenn er will. Der Wille ist da, doch manchmal lässt man sich eben beeinflussen, zum Beispiel aus Angst. Angst, dass andere einen nicht akzeptieren, weil man Anerkennung braucht. Angst, den sozialen Kontakt zu verlieren oder einfach nur, weil man denkt, man könnte etwas falsch machen.

Jeder sollte selbst entscheiden, was er will und was er nicht will. Nur anderen Gefallen wollen, das sollte man lassen. Einen Gefallen tun, bedeutet nur, sich selbst nicht gerecht zu sein. Aber es gibt auch die Möglichkeit jemandem einen Gefallen zu tun, weil wir ihn lieben.

Das ist dann eine Entscheidung mit dem Herzen, denn das Herz entscheidet aus Liebe.

Das Leben scheint manchmal recht kompliziert. Was auf der einen Seite gut ist, muss auf der anderen Seite nicht unbedingt richtig sein. „Aber alles hat seinen Sinn. Sei es auch nur das Leben zu erlernen, denn oftmals lebt ihr Menschen nicht richtig", so die Worte von Erzengel Metatron.

Doch was ist richtiges Leben? „Liebe", schrieb es Erzengel Metatron. „Richtig ist die Liebe, wenn sie vom Herzen aus geht. Aber nur aus purer Berechnung ist es keine Liebe mehr."

Oft hat das Leben schwache Seiten und dunkle Punkte, denn die Menschen glauben, über andere herrschen zu müssen. Jeder sollte das tun, was er tun möchte, aber sollte er aus Liebe niemals diejenigen vergessen, die in Liebe zu ihm stehen. Viele vergessen andere, auch wenn sie geliebt werden. Man sollte auf Vieles achten, vor allem, was das Herz einem sagt.

Einige werden eventuell darüber lachen, weil sie eigentlich zwar dasselbe wollen, aber nie danach handeln.

Denn manche Leute schämen sich, wenn sie Liebe zeigen. Unsinnigerweise!

Manche brüsten sich sogar, wenn sie über Sex reden und fühlen sich dann erhaben. Das halten sie dann für sinnvoll. Sie geben gerne damit an, wollen vor anderen gut dastehen.

Wieso gibt man mit dieser Art der Liebe, wenn es damit denn etwas zu tun hätte, an? „Weil die Menschen glauben, sich damit in den Vordergrund zu werfen oder nicht dumm dazustehen", schrieb es mir Erzengel Metatron. „Manche Menschen glauben, dass sie mit sexuellem Handeln sich ausleben können oder angeben, sprich: anderen Menschen Gefallen geben. Doch sie kennen meist die wahre Liebe nicht. Geben sich zwar dem alltäglichen Sex hin, aber nicht dem sexuellen Leben, das voller Leidenschaft aus dem Beweggrund der reinen Liebe geschieht."

Viele glauben, es gehöre nur Sex im Leben dazu, um das auszuleben, was man im Alltag versäumt. „Abreagieren nennt man das bei euch Menschen." Ja, das stimmt. Aber so sollte es nicht sein. Dass Sex bei Liebe mit dazugehört, dass zwei Liebende sich vereinigen möchten, ist logisch. Aber mal wieder zu agieren, weil es doch so „cool" ist? Abreagieren seiner Bedürfnisse ist nicht „cool", sondern, gelinde gesagt, einfach dumm. Doch wer will nur dumm sein? Keiner.

Vorschnelle Urteile werden ebenfalls bei uns Menschen gerne gefällt. Man wird beschuldigt, etwas gesagt oder getan zu haben, was gar nicht so ist. Wahrscheinlich hat man das nicht einmal gedacht. Aber das Gegenüber hat etwas anderes daraus gemacht. Wird es einem Dritten, Vierten erzählt, kann es passieren, dass die Tatsachen nicht richtig wiedergegeben werden. Dann ein paar Spekulationen hineingebracht und schon ist die Misere da. Misere kann entstehen, wenn die Beurteilung, Verurteilung, falsches Hören, falsches Denken auch noch in Kombination besteht.

Das Leben könnte viel leichter sein, wenn Menschen richtig zuhören würden!

Aber so ist das im Leben. Spekulationen, ob im menschlichen Handeln oder Denken ist ein bösartiges Gut der Erde. Es könnte Vieles verhindert werden oder erst gar nicht entstehen, wenn diese Seiten des Menschen gar nicht bestehen würden. Aber leider passiert das viel zu oft. Meine Güte, wie viele Kriege, egal, ob aus politischen, familiären oder freundschaftlichen Gründen, würden hier ohne Handlung sein. Denn die Handlung bestimmt dann das bösartige Gut, das in uns kreist und um uns herum zum Krieg führt. Es könnte uns besser gehen, würden wir zuhören oder richtig lesen, ohne eigenmächtig Gedanken und Worte hineinzubringen, die so nie gesprochen oder gar gedacht wurden.

Das ist mal wieder so kompliziert. Aber soll das so weitergehen? Hoffentlich nicht. Denn die Menschen müssen doch einmal verstehen lernen, was wirklich wichtig ist. Oder ist das nur ein schöner Traum?

Träume sind Schäume, heißt auch wieder so ein Spruch. Doch erlebt man im Traum oft seltsame Dinge. Gutes wie Böses, Ereignisreiches oder manchmal hat man nur das Gefühl, man hat gar nicht geträumt. In unseren Träumen spiegelt sich oft die Sehnsucht wider, die jeder Mensch hat, egal, was ihn sehnsüchtig macht. Sehnsucht nach Liebe, nach Geborgenheit, nach Treue, nach Frieden. Es gibt viele Sehnsüchte in uns.

Mensch zu sein ist schon eine große Herausforderung, aber ein Geschenk Gottes, denn er hat uns erschaffen. Nur hat er uns nicht zu dem gemacht, was wir Menschen manchmal sein können.

Machtsüchtig, herrschsüchtig, lieblos, kaltblütig, die Gefahren suchend, selbstsüchtig, einfach spekulierend und urteilsführend, das Selbst nicht richtig erkennend, unglaubwürdig, glaubenlos, willenlos durch die Einflüsse anderer, die Machthaber über alles sein wollen.

„Das Gut der Liebe wollen sie nicht beachten. Doch Gott ist Liebe und die gab er uns mit. Nicht die Liebe aus Berechnung, nur die wahre, reine Liebe."

Das Leben trägt mich und ich vertraue dem Fluss des Lebens.

Doch was ist der Fluss des Lebens? „Die Lebensumstände", antwortete mir an diesem Tag Erzengel Metatron, dem ich vertraue und den ich lieben gelernt habe. Ja, die Lebensumstände können schon hart und steinig sein. Sei es aus Armut, aus Lieblosigkeit oder weil andere den Weg bestimmen wollen. Sie wollen bestimmen, wie man zu leben hat, was richtig für einen ist und arbeiten mit unfairen Mitteln, sei es zum Beispiel durch Intrigen.

Unfassbar, ja, das sind so einige Dinge oder Umstände im Alltag. Nicht nur, dass man eventuell ausgelacht wird, wenn man „anders" ist als andere Menschen. Sei es, weil man einfach nur liebt. Kinder vor allem können schon grausam sein und sei es, weil sie einfach „nur" einen Mitschüler hänseln, weil er nicht die teure Markenware trägt, die die Eltern des Grausamen kaufen können, die Eltern des Armen aber nicht. Da beginnt im Kindesalter bereits der Konkurrenzkampf, obwohl Kinder dafür eigentlich noch zu „unreif" sein sollten.

Reife ist aber ein Lernprozess, dem sich jeder Mensch unterzieht im Leben. Man sagt nicht umsonst, der Ältere hat mehr Lebenserfahrung. Doch manche Leute haben selbst im späteren Leben nicht gelernt, was Liebe ist. Es kommt immer darauf an, ob man aus Umständen, die der Alltag und das Leben so mit sich bringen, etwas lernt.

Und das Benehmen anderer Menschen gegenüber ist von Bedeutung. Man kann ehrlich sein, sagen, was man glaubt. Dies muss aber nicht zwingend gut und richtig sein. Denn man kann eine ganz andere Meinung haben als das Gegenüber. Das wäre sicher in Ordnung, wenn nicht viele Menschen versuchen würden, ihre Meinung anderen aufzuzwingen. Es kommt immer auf das Auge des Betrachters an. Ob nun objektiv oder subjektiv betrachtet.

„Dargestellt wie es wirklich ist, sagt immer nur der, der die Wahrheit spricht", so das Diktat meiner Engel.

Doch die Wahrheit sagen bringt oftmals Situationen hervor, die schmerzhaft sind. Man könnte hier die Wahrheit auch sanftmütiger dem anderen entgegenbringen. Aber manches Mal lässt der Sagende einen Ton heraus, der bewusst oder unbewusst sehr hart klingt. Das trifft den anderen dann sehr, weil sein Zustand vielleicht schon geschwächt ist und statt diesem Menschen zu helfen, schlägt man auf denjenigen noch bildlich ein. Aber das muss nicht sein. Wie wäre es mit etwas Fingerspitzengefühl?

Den richtigen Ton finden viele Menschen in solchen Momenten nicht und der andere ist verletzt. Der Mensch fühlt sich dann oft nicht geliebt, weil man sich im Tonfall vergriffen hat. Das muss nicht sein, würde die Menschheit schon im Ansatz liebevoller denken. Aber das ist Manchem zu lästig. Vielleicht, weil der Alltag müde und mürbe macht.

Entspannung wäre hier gut. Meditieren, einfach sich fallen lassen oder schöne Musik hören. Doch wer nimmt sich die Zeit dafür? Zeit spielt für uns Menschen eine viel zu große Rolle. Durch meine Engelkontakte habe ich gelernt, dass Zeit für „oben" weniger Bedeutung hat als für uns Menschen. Wir Menschen laufen manchmal wie aufgescheuchte Hühner durchs Leben, glauben, etwas verpasst zu haben oder zu verpassen.

Doch jeder Tag ist ein neuer Tag.

„Steht auf, es ist ein neuer Tag erwacht, agiert mit Bewusstsein, Liebe und in Harmonie mit euch selbst und alles wird gut", so diktierten es mir Erzengel Metatron und Erzengel Gabriel an einem Morgen, als ich an diesem Werk schrieb. „Alles wird gut."

Das Leben hält einige Momente von Bedeutung für uns bereit. Schicksal entscheidet sich am Ende durch Liebe, Treue, Harmonie und Frieden. Frieden in sich und der Welt. Aber finden die Menschen wieder zu sich selbst, denn das scheint bei vielen ein sehr schwieriges Unterfangen zu sein?

„Die Liebe ist überall der Schlüssel des Schicksals."

„Schicksal zu spielen, das wollen nun einige von euch Menschen", schrieben mir meine Engel. „Doch das gelingt Gott sei Dank nicht immer."

„Man kann sein Leben positiv oder negativ beeinflussen, doch viele Menschen lassen sich leiten durch falsches Zeugnis anderer, das heißt: sie hören nur, was vermeintlich gute Bekannte oder Freunde sagen, nicht aber das Wort der Liebenden. Der Einfluss der anderen ist diesen Menschen so wichtig, weil sie keine eigenen Kräfte in sich haben, das eigene Selbst nicht kennen. Nur wer mit sich im Reinen ist kann wirklich das höhere Selbst erkennen. Aber die Mühe machen sich leider nur die wenigsten."

„Viele von euch verwechseln das mit Anerkennung, Selbstbewusstsein, Meinung haben, Meinung vertreten. Eine eigene Meinung zu haben ist gut, sie zu vertreten ist auch gut, solange sie den wirklichen Tatsachen entspricht und nicht alles so getan wird, wie nur das eigene Ich es hören oder sehen will."

„Anerkennung ist gut, aber nur, wenn es aus Liebe geschieht. Die Beeinflussung anderer bedeutet nicht gleich Schlechtes, doch ist es leider in den meisten Fällen eures Lebens so. Sie reden, ihr denkt: Ach, vielleicht haben sie Recht. Das wird benutzt, um euch zu manipulieren und leider vielfach nur zur Aufwertung des eigenen Selbst gebraucht. Denn wer andere Menschen respektiert liebt. Der, nur der, ist ein wahrer Rechtgeber. Alles andere ist gespielt", so beschrieben es mir meine Engel.

Das Leben ist tatsächlich manchmal die beste Schauspielschule.

Da entstehen nun verschiedene Charakterformen sowie verschiedene Lebensweisen und ganz verschiedene Meinungen.

„Das ist im Ansatz gut, nur, was der Mensch teilweise daraus gemacht hat, ist nicht korrekt und der falsche Weg."

Nur kann und sollte man Niemandem vorschreiben, wie er zu leben, zu denken hat. „Aber manchmal können Hinweise guter Natur sein. Sie richtig zu verstehen und daraus zu lernen, ist wieder die Kunst der Liebe und der eigenen Lebenseinstellung. Dass Menschen nicht alle gleich sein können, ist schon richtig. Aber mit Respekt, verstehen lernen, lernen überhaupt und vor allem Liebe wahrlich empfinden und geben zu können, ist eine hohe Kunst des Seins."

Nun sollten wir nicht alles auseinandernehmen, was Meinung akzeptieren bedeutet, jedoch eines ist wichtig: Respekt. Leider gibt es viel zu viele Menschen, die glauben, sie haben Respekt vor dem anderen, handeln aber anders. „Respektlosigkeit ist ein schwaches Bild, das Manche wiedergeben." Man muss sich doch nicht gleich Blöße geben, wenn man einen anderen respektiert. „Doch sich vor anderen nicht zu blamieren, aus den verschiedensten Gründen, lässt bei Menschen die Respektlosigkeit fruchten. Die Leute geben sich der Lieblosigkeit hin. Manche von euch Menschen finden das vollkommen in Ordnung und gehen so durchs Leben. Doch der richtige Weg ist das nicht."

„Liebe geben, Liebe empfinden, auch davor haben viele Menschen Angst. Man könnte den anderen zu sehr an sich heranlassen, da man nicht selten eine Schutzmauer um sich herum gebaut hat." Aber warum bauen Menschen Schutzmauern um sich herum? „Aus Furcht vor den Einflüssen anderer", so die Worte meiner mich begleitenden Engel. „Doch dann stoßen sie oftmals die Menschen weg, die ihnen wirklich nur Gutes wollen. Es wird Vieles falsch verstanden, da die Umstände und Einflüsse des Lebens nicht immer gut sind."

„Leider erfahren viele Leute Lieblosigkeit, glauben, dass sie von falschen Zeugnissen anderer respektiert und geliebt sind. Doch das ist nicht korrekt und der falsche Weg. Richtig wäre, den Selbstschutz für diejenigen zu gebrauchen, die einem nicht gut gesonnen sind. Doch das lässt nicht jeder wirklich zu, da der andere manipuliert und die meisten Menschen falschen Idealen hinterherrennen."

So ist der Mensch wider Willen ein Werkzeug des anderen geworden, spürt dies vielleicht, will es aber nicht verstehen. Manchmal spürt man es, glaubt trotzdem, es sei so besser. Wir sind eben alle nur Menschen …

„Das ist richtig", schrieben meine Engel. „Doch ihr Menschen habt euch oft selbst vergessen, rennt falschen

Idealen hinterher, könntet euch und andere lieben, doch tut ihr es nicht. Ihr seid bereit oder nicht bereit."

Ach, das ist alles wieder kompliziert, dabei könnte es so einfach sein: Das Leben.

Es kommt so, wie es kommen soll. Diesen Satz habe ich schon oft in den Botschaften meiner Engel gelesen.

Durch die Kraft meiner geliebten Kater, die mir das Leben schenkten, das andere Leute emsig versucht hatten, auszulöschen, gelang es mir, die göttliche Energie zu spüren, geleitet zu werden durch den mich begleitenden Erzengel Metatron und seinen Helfern.

„Habt Vertrauen und alles wird gut", schrieben es mir meine Engel. Sie sind immer da, auch wenn wir sie nicht sehen können.

So auch mein geliebter Vater, mein geliebter David, mein geliebter Dennis. Alle, ausnahmslos, trage ich in meinem Herzen und da bleiben sie für immer. Die Engel, die mich begleiten, kann ich zwar nicht mehr in die Arme schließen, kuscheln, einfach das Gefühl haben, da ist jemand, der mich bedingungslos liebt. Aber ich spüre ihre Nähe in mir.

„Liebe kann man nicht immer sehen, doch man spürt sie. Nur gibt es einige Menschen auf der Erde, die keine Liebe spüren. Alle wollen es, doch mehreren gelingt es nicht", schrieb mir wieder Erzengel Metatron in einer Botschaft. „Liebe ist ein Rätsel für viele von euch. Doch

Rätsel haben auch Lösungen parat. Doch diese Lösungen sind manches Mal direkt vor den Gesichtern der Menschen und doch erkennen sie es nicht. Sie blockieren oder werden blockiert. Das sind entweder Blockaden, die der Mensch sich selbst auferlegt hat oder Blockaden, die durch andere Einflüsse, sei es durch Umstände oder bösartige Menschen, euch zugefügt werden.“

Wir Menschen blocken oft etwas ab, das ist mir von allen möglichen Seiten des Lebens schon bekannt. Aber wie funktioniert das alles?

„Die Antwort darauf gibt dir wieder Erzengel Metatron, der dich bei diesem Werk stets glaubhaft begleitet. Ihr Menschen habt den Hang zu Übersinnlichem, ob guter oder böser Natur. Sei es durch Liebe, Hass, Gier, Übermut, Verzweiflung oder Taten, die sich ereignen. Das Übersinnliche ist die Energie, die in jedem von euch fließt. Egal, ob Mensch, ob Tier, ihr seid Energie. Es kommt nur darauf an, ob und wie ihr sie nutzt oder auch benutzt. Denn in jedem von euch steckt ein guter Kern, der sich aber sehr zum Gegenteil entwickeln kann, je nach dem freien Willen oder der Manipulation.“

„Manipuliert jemand einen anderen, so steht dieser unter stark negativem Einfluss = negativen Energien. Negativ zieht negativ an. Daher denkt positiv, so können negative Energien weniger Einfluss auf euch und euer Handeln nehmen. Das Handeln der Menschen kommt auf Raum, Zeit und Energie an. Die Energie ist getragen von Negativem sowie Positivem. Jeder Pol ist ein Energiefluss. Also kann er euch beeinflussen, negativ wie positiv.“

„Gleich und gleich gesellt sich gern, heißt ein Spruch bei euch auf der Erde. Das ist korrekt. Aber es gibt auch positive Menschen, die auf negative Energien stoßen. Dann ist es wichtig zu agieren, damit das Böse nicht in euch dringt. Es gelingt aber leider viel zu oft, denn ihr seid alle etwas schwach geworden durch die bösartigen Machenschaften einiger schlechter Energien, die die Menschheit heimgesucht hat."

„Alles hatte und hat seinen Sinn."

Wir werden manches Mal geleitet durch die Worte anderer. Mehr oder weniger hören wir das, was wir hören wollen. Sehen das, was wir sehen wollen. So leben wir in der Welt eines anderen, doch unser Weg ist nicht der Weg eines anderen. Unser Weg ist das, was unser freier Wille entscheidet. Aber oft haben wir Angst, den eigenen Weg zu gehen, aus Angst, was andere denken könnten, aus Angst, wie wir vor anderen dastehen. Doch warum haben wir Angst, sogar manches Mal vor uns selbst?

„Ihr Menschen habt die Furcht durch böse Energien erhalten, die euch beeinträchtigen sollen und leider auch Erfolg haben", diktierte es mir Erzengel Metatron.

„Geliebtes Kind, wir, deine Engel der Liebe, deine dich begleitenden Erzengel und Engel, führen dir deine rechte Hand und sagen dir. Alles ist der Glaube. Der Glaube an Gott, der Glaube an das höhere Selbst, der Glaube auch an Mächte des Bösen. So gebt euch Liebe, schenkt euch Treue und Frieden, denn euer Weg soll gutes Gut sein. Amen."

Aber wir Menschen verletzen den anderen, obwohl viele von uns das gar nicht wirklich wollen. „Ihr seid beeinflusst und getragen vom Leid des Bösen, wenn ihr so handelt", kam sofort die Antwort meiner Engel. „Menschen sind teilweise böse ausgerichtet, aber das könntet ihr ändern. Wege zur Liebe sind unergründlich lang, aber sie könnten auch direkte Wege in die Herzen aller sein. Doch der freie Wille und Beeinflussung durch Machenschaften anderer Umstände zerstören dieses hohe Gut. Gebt niemals auf."

So schreiben mir meine Engel immer wieder, dass ich niemals aufgeben soll. Manchmal ist das schwer, aber dann denke ich daran, dass sie mir das nicht umsonst so oft schreiben und versuche es. Leider machen es manchmal andere Umstände wirklich schwierig, dies in die Tat umzusetzen. Das Leben ist eben öfter eine Art des Kampfes. Kampf, der nicht sein müsste, würden wir alle gemeinsam gehen. Eventuell ist das nur eine schöne Wunschvorstellung!

„Das Leben ist ein Prüfstand für jeden von euch", so Erzengel Metatron. Wir scheinen also immer wieder Prüfungen zu bestehen oder eben nicht zu bestehen.

Wir Menschen glauben oftmals, dass das, was andere Menschen tun, besser ist, als das, was wir mit der freien Entscheidungskraft, die uns gegeben wurde, tun könnten. Doch wieso laufen wir den anderen hinterher?

„Ihr seid so nicht auf die Erde gesandt worden", schrieb mir Erzengel Metatron. „Euer freier Wille ist es, der euch dazu treibt und die Wege des anderen, weil es euch an Ansehen nicht ausreicht, dass euch eine Wegbegleitung, zum Beispiel durch Mutter, Vater, Familie, gute Menschen um euch herum, gegeben wurde. Ihr erwartet mehr, als ihr euch selbst je zutrauen würdet. Eure Erwartung und hohen Zielsetzungen geben dann dem anderen den Willen des freien Widerstandes, den ihr habt, einen guten Raum."

„Raum und Zeit, ein hohes Gut, ist abhandengekommen und lässt euch Irreführungen anderer glaubhaft machen. Ihr seid zu wenig orientiert, das benutzen dann andere, um euch zu manipulieren, egal ob durch Reichtum, Macht, glücksbringender Momente, die dann vergehen. Wie auch immer sie das gestalten, die anderen, ihr rennt dem hinterher, was ihr nicht seht oder sehen wollt. Manchmal könnt ihr gar nichts mehr alleine auf eure eigene Verantwortung hin tun, denn ihr seht nicht mehr euch und euer Gut, sondern nur das des anderen. Ihr verrennt euch in allem und glaubt, es sei das Richtige."

„Doch so muss es nicht immer sein. Es gibt Mächte und Menschen, die euch, gute Kinder Gottes, manipulieren, wenn ihr schwach seid und sei es, weil ihr nur kurz schwach seid. Weil eure Liebe, das höchste Gut der Menschheit, verlassen wurde."

„Ihr seid mit Liebe auf diese Erde gesandt worden, aber ihr scheint dies vergessen zu haben. Nicht jeder, aber viele von euch. Lasst euch führen durch die göttlichen und liebevollen Energien und es kann euch nichts mehr geschehen. Amen."

„Liebe schenken, auch über den Tod hinaus, ist das allerhöchste Gut, das euch von Gott gegeben wurde", schrieb mir Erzengel Metatron. Das stimmt, denn ich hatte die Nacht zuvor von meinen über alles geliebten Katern David und Dennis, die für mich meine Kinder waren und immer bleiben werden, geträumt. Sie waren plötzlich so real. Die beiden kamen zu mir, ich habe sie gestreichelt und liebkost, wie das zu ihren Lebzeiten hier auf der Erde sein durfte. Sie gaben sich ein Küsschen, so wie es manchmal war, als sie noch lebten. Meine unendlich große Liebe, sie wird niemals enden.

Sag niemals nie, sagt man immer, wenn man von dem, was man eigentlich gar nicht kennt, spricht. Aber hier ist das etwas anderes, denn ich kenne die Liebe zu David und Dennis und sie macht mich stark und ich weiß, das hier niemals wirklich niemals ist.

„Alles ist gut", schreiben sie mir häufig. Aber wie kann alles gut sein, wenn sie nicht mehr da sind? Jedenfalls sind sie mit ihren Körpern nicht mehr sichtbar, jedoch spüre ich ihre Anwesenheit in meinem Herzen.

So spürt man Verstorbene, die einem nach dem Tod noch beistehen, immer wieder. Sie sind da, auch wenn wir sie nicht sehen. Viele stoßen das von sich, aber es ist so. Mit den Körpern sind sie nicht mehr da, aber mit der Seele. Die Seele wandert aus dem Körper heraus. In einem Artikel habe ich gelesen, dass ein Patient gesehen hat, dass er tot war. Von oben schwebte er über allem und sah, wie die Ärzte an ihm arbeiteten. Wie kann das sein?

Erzengel Metatron schrieb mir hierzu: „Ihr verlasst euren irdischen Körper nachdem der Tod eintritt. Die Seele wandert, ob nun direkt zu Gott oder auf Umwegen. Ihr seid dann mit der Seele und dem Herzen, auch wenn es nicht mehr sichtbar auf der Erde schlägt, ein Teil des Universums. Das Universum ist das Licht der Welt. Amen."

Wir Menschen wollen ja immer Beweise, das erleben wir öfter. Ob diese Antwort vielen Menschen reichen wird?

„Nein, aber es werden die Menschen, die die Liebe kennen, schon die Antwort bewusst oder unbewusst wissen. Alle anderen können noch lernen, was Liebe ist. Amen."

Alles kommt so, wie es kommen soll. So, wie schon oft gehört, kann man sich das alles nicht wirklich vorstellen. Was kommt, das soll richtig sein? Wie sehe oder spüre ich denn, wenn was kommt? Mit der Zeit gewöhnt man sich an Vieles, man sagt nicht umsonst, der Mensch ist ein Gewohnheitstier. „Doch das macht die Menschen oft müde und sie kommen sich häufig wie in einem Labyrinth vor. Gehen nicht vorwärts, bleiben stehen, gehen manchmal sogar wieder Schritte zurück." Doch warum ist das so?

„Ihr Menschen glaubt zu wenig, habt oftmals wenig Hoffnung, getrieben durch eure Lebenseinstellungen, durch Manipulationen oder den Alltag der Menschen, die euch lenken wollen und es ab einem gewissen Zeitpunkt auch schaffen. Denn ihr seid öfter schwach, weil eure Wege nicht die sind, die gut für euch wären. Alles hatte und hat seinen Sinn. Ihr werdet euch liebevoll annähern, wenn ihr Menschen dazu bereit seid. Nur einige von euch werden niemals lieben lernen", so diktierte es mir wieder Erzengel Metatron.

Als Beispiel nehmen wir einmal eine Dame, die ständig an allem zweifelt. Sie ist sich einfach unsicher, weil sie es mit ihrem Verstand nicht begreifen kann oder vielleicht nicht will. Aber einen Chakrenausgleich = Blockadenlösung findet sie gut. Nur kann sie nicht begreifen, was nur im Geringsten mit Spirituellem zu tun haben könnte und betrachtet dies sehr skeptisch. Skepsis ist gut, aber Vertrauen wäre hier angebrachter. Es ist schade, aber diese Dame hat Angst vor Vielem. Angst ist ein schlechter Begleiter, immer schon. Sie hat Zweifel, da sie einiges Negative gesehen und gelesen hat. Doch wenn Menschen sich zum Beispiel Kriminalromane zur Sucht machen und dann vielleicht sogar Unheil damit anrichten, ist das weniger dramatisch?

Menschen denken oft mit dem Verstand und glauben, das Richtige zu tun, das haben mir meine Engel ja schon erklärt. Aber wieso messen die Menschen dann mit zweierlei Maßen? „Weil sie das glauben wollen, was sie überzeugt. Doch du bist unser Medium, um Bücher zu schreiben. Du brauchst keine Rechenschaft ablegen. Bei Niemandem. Alles ist so und es ist gut. Ave."

Ja, sich zu rechtfertigen, das ist so eine Sache im Leben. Wieso machen wir das eigentlich, selbst wenn wir die Wahrheit sagen? „Weil ihr Menschen glaubt, alle müssten glauben, was sie den anderen glaubhaft versichern können." Als ich das las war ich selbst etwas unsicher. Aber Erzengel Metatron schrieb mir weiter: „In eurer Sprache heißt das: Die Rechtfertigung soll einen Beweis darstellen, weil viele von euch nur glauben, wenn sie Beweise für etwas haben. Sie müssten einfach nur an sich und das Universum glauben, dann ginge Vieles einfacher in euren Leben auf der Erde. Doch schreite voran. Der Weg, den du gehst, ist der richtige und hervorragende Weg, auch wenn nicht alle dir Glauben schenken. Amen."

Zweifel haben wir Menschen manchmal an allem, was sich ereignet. Aber wieso zweifeln wir? „Zweifel ist der Lohn des Bösen", schrieb es mir Erzengel Metatron, „denn das Böse kann über eure Wege bestimmen, wenn ihr schwach seid. Schwach durch den Lebensweg, durch Ereignisse, durch Manipulation, die sogar Boshaftigkeiten anderer sein können."

Ja, es stimmt. Leider habe ich selbst schon erlebt, wie schmerzlich ein Weg sein kann, wenn jemand böse Machenschaften gegen einen richtet. Aber, dass das alles so möglich ist, kann man mit dem menschlichen Verstand sicher nicht begreifen.

„Doch, das ist möglich. Da ihr alle oftmals angegriffen seid, hat die Macht des Bösen bei euch Menschen gut gelungen die Macht über euch und eure Seelen erlangt. Einige von euch Menschen sind dann durch die Schwachheit in und um einen herum wie gelähmt, denken, dass das alles keinen Sinn mehr hat, das Leben. Doch es hat immer einen Sinn und sei es, sich aus diesen Zweifeln, Ängsten, was auch immer, zu befreien. Aber viele von euch schaffen dies nicht alleine. Manche von euch Menschen geben auf, nehmen sich das Leben, doch das ist keine Lösung. Ihr werdet dann nicht direkt zu Gott fahren können und das ersehnte Heil ist weit entfernt. Stellt euch dem Leben, es ist eine Prüfung. Jeder von euch gelangt an einen Mut- oder Kraftverlust, um zu lernen. Geht doch gemeinsam und helft euch, dann kann euch nichts geschehen. Amen. Das ist alles einfacher, als man denkt", so schrieben es mir meine Engel.

Ja, natürlich. Das könnte die Lösung sein!

Aber da wir Menschen manchmal alles komplizierter machen als es ist, stellt sich das wieder etwas schwierig dar. Dabei könnten wir uns im Miteinander helfen.

Doch das Gegeneinander herrscht vielfach um uns herum. Wenn wir sehen, dass einer von uns schon am Boden liegt, treten wir bildlich gesehen noch einmal nach. Nicht alle von uns, aber einige. Fühlt sich einer schwach, so sollte man ihm nicht vorschreiben, was er wie machen sollte. Liebevoll sollte man ihn begleiten.

Nur er entscheidet, wann er aus der Situation herausgeht. Sein freier Wille ist da, wenn auch geschwächt.

So sollte man jemanden, der einfach als Beispiel zu
dick ist, nicht ständig vorschreiben, was er essen soll,
wie viel er sich bewegen soll und und und … Es gibt
sicher einige Methoden, wie es leichter geht, aber es
muss nicht zwingend jede Methode die gleiche Wirkung
beim einzelnen Menschen haben, denn die Menschen
sind nicht nur verschieden, sie haben auch unterschied-
liche Körper. Jeder Körper reagiert eben anders. Was
für den einen gut ist, muss für den anderen noch lange
nicht gut sein. Auch hier wäre liebevolles Handeln wieder gefragt statt auf etwas „herumzureiten" oder anderen vorschreiben zu wollen, was gut wäre. Es kann sein,
dass man Recht hat mit mehr Bewegung und dass man
das ein oder andere Törtchen weglassen soll. Nur reagiert der Mensch auf Zwänge, die andere einem diktie-
ren, jeweils anders.

Mit Zwang erreicht man gar nichts.

Mit Liebe schon.

Liebe kann so vielseitig sein. Doch leider wird die
Liebe oftmals einseitig und einfältig gesehen. Dabei ist
Liebe so viel mehr.

Die Welt braucht Veränderungen, aber muss das um
jeden Preis sein? Viele von uns Menschen wollen alles
an sich reißen, Macht haben, andere erniedrigen, erst

dann scheinen sie glücklich und zufrieden zu sein. Doch warum haben manche eine solche Lebensfreude am Leid der anderen? „Weil sie bösartig sind und euch ärmere Seelen, die ihr mit der Zeit geschwächt wurdet, für sich und ihre Ideale benutzen. Macht über alles zu haben, das war schon im Mittelalter so und so werdet ihr Menschen, solange ihr nicht erkennt, was wirklich zählt, davon beherbergt sein", so schrieb es mir Erzengel Metatron.

Wir Menschen sind oft selbst schuld, manchmal wird einem aber Schuld eingeredet, damit andere sich besser fühlen. Würden wir aufhören anderen, die es nur zu ihrem eigenen Nutzen „gut" mit uns meinen, zu vertrauen, ginge es uns wirklich besser. „Doch für viele von euch Menschen ist das ein langer Weg, der geprägt wird durch die Lebensweise, die Umstände eurer Kindheit und des Lebens. So steht ihr immer wieder an Wegen, die euch Entscheidungen abverlangen. Dann kommt es auf eure Intuition, eure innere Stimme an, ob ihr sie bemerkt, hört und diesen Weg geht, auch wenn das wahrlich manches Mal eine Umkehr ist. Doch hört auf eure Intuition und es lebt die Liebe, denn in euch ist Liebe, manchmal sichtbar, manches Mal unsichtbar. Doch sie ist da: Die Liebe. Ihr müsst sie nur spüren lernen, dann kann euch nichts geschehen. Da ihr Menschen aber weniger eurer Intuition folgt, wird es schwierig für euch. Manche haben die innere Stimme schon gehört, sind aber trotzdem einen anderen Weg gegangen, da ihre Aura geschwächt ist, so dass andere leicht auf eure Kosten sich beglücken können. Eure Aura, die Hülle des Körpers, ist dann so porös, dass bösartige Menschen euch beeinflussen, ob es euch recht ist oder nicht."

Ja, das ist wahr. Schwächere sind eher zu beeinflussen, aber auch Menschen, die glauben, sie wären stark. „Wenn sie aber stark genug wären, so müsste keiner von ihnen später unter dem Einfluss und den Manipulationen anderer leiden", schrieben es mir Erzengel Metatron und Erzengel Uriel.

Die Menschen sind durch diese Manipulationen sehr angreifbar geworden, das bemerkt man immer wieder. So beleidigt man Menschen, obwohl man das vielleicht ohne Absicht getan hat. Man sagt etwas und verletzt andere. Manches Mal geschieht das bewusst, aber auch leider häufig unbewusst. Dann entstehen wieder Streitereien, wieder werden Fehlentscheidungen getroffen und man ist unglücklich. Unglücklich über den Verlust eines Menschen, der einem wichtig war, aber auch unglücklich über eine ungewollt herbeigeführte Situation. Keiner will dann auf den anderen zugehen, dabei wäre es hier einfach nur wichtig, miteinander zu reden. Dem anderen Menschen eine Chance geben, sich zu erklären. „Zuhören und nicht gleich vorschnell Urteile bilden, wäre hier wieder ein hohes Gut."

Doch manchmal reden wir Menschen dem anderen ins Wort, legen ihm etwas in den Mund, was dieser gar nicht sagen wollte, sogar vielleicht nicht einmal gedacht hat. „Niemand geht dann so recht in Liebe mit dem anderen um und es ist eine Situation da, die keinem nützt und keinen so wieder herstellt, wie es sein sollte: Liebevoll."

So ist das im Leben. Fehlentscheidungen trifft jeder von uns sicher einmal, aber dann die Größe zu haben, diese fehlerhaften Entscheidungen zu bereuen, sich vielleicht sogar beim anderen zu entschuldigen, diese wahre Größe haben nur die wenigsten Menschen. Man müsste sich ja eventuell für etwas rechtfertigen. Davor haben viele Menschen Angst. Man wird unter Druck gesetzt, hat wieder ständig das Gefühl, sich rechtfertigen zu müssen. Es ist schon nicht immer einfach: Das Leben.

„Geht liebevoller miteinander um", so schrieben es mir meine Erzengel und Engel.

„Die Liebe ist das allerhöchste Gut, doch viele sind hier vom Weg abgekommen."

Dass viele Menschen hier vom Weg abgekommen sind, das kann man anhand mehrerer Beispiele erklären.

Wie man die Liebe mit Füßen tritt:

Beispiel 1:

Ein Kind liebt seine Mutter, doch sie gab einst die Zügel aus der Hand, weil andere versuchten, die Erziehung des Kindes in die Hand zu nehmen. Sie wehrte sich nicht, weil sie kraftlos war, doch sie liebte ihr Kind. Aber das Kind hat immer das Gefühl, nicht geliebt zu werden, weil es denkt, die Mutter kümmere sich wenig um ihr eigenes Fleisch und Blut. Die Mutter leidet, das Kind leidet. So passiert das häufig. Leider.

Beispiel 2:

Der Vater sorgt sich um das Wohl der Familie, fühlt sich als das Familienoberhaupt. Doch er verliert seine Arbeit, denkt, nun kann er nicht mehr für die Familie sorgen, bringt nicht genug Geld nach Hause. Sieht als Ausweg den Tod für sich, für seine Kinder, für die Frau, die er einst liebte. Er glaubt, aus Liebe zu handeln, doch das ist weit hervorgeholt. Das ist keine Liebe, einen anderen zu töten. Das ist Verzweiflung, gibt aber Niemandem das Recht, das Leben eines anderen auszulöschen. Das ist garantiert der falsche Weg und ein Fehler, der nie mehr gutzumachen ist.

Beispiel 3:

Es lieben sich zwei Menschen, doch anderen gefällt diese Liebe nicht. Sie planen, die Liebe zu unterbinden. Welche Mittel sie einsetzen, das ist egal, sie wollen nur ein Ziel erreichen: Die Trennung der beiden Liebenden. Machthaberisch beeinflussen sie mindestens einen der Liebenden, um an ihr Ziel zu gelangen. Wenn ihnen das nicht sofort gelingt, so werden sie nach und nach Unheil anrichten: Durch Worte, durch Werke, wie auch immer es ihnen gerade in den Sinn kommt. Leider wahr. Doch sollte das ungesühnt bleiben? „Nein", schrieben es mir meine Engel. „Jeder, der böse Taten auf der Erde getan hat, wird von Gott bestraft. Nur Gott wird sein Richter sein."

Beispiel 4:

Es lebt jemand mit einem bösartigen Menschen zusammen, der ihn „abschotten" will von allen anderen, die liebevoll mit der Person umgehen. Er möchte alles für sich alleine haben. Diese Person wird dann bewusst manipuliert. Sie will es nicht, doch hat Angst, sich von diesem Mann/dieser Frau zu trennen. Es gibt verschiedene Gründe, warum der- oder diejenige Angst haben könnte, doch es zählt hier nur Eines: Der Zwang der Liebe. Denn der eine zwingt den anderen nur ihn zu lieben, aber niemand anderen, sogar nicht das eigene Fleisch und Blut. Schade, dass Menschen so bösartig sein können.

Beispiel 5:

Liebe wird benutzt, um an ein Ziel zu kommen. Man ist eifersüchtig, denkt, dass man sich Liebe erkaufen kann, durch Geld, durch Macht, nur um den anderen an sich zu binden. Es werden dann teure Geschenke gemacht, man verspricht finanzielle Unabhängigkeit, gaukelt vor, zu lieben, doch tatsächlich glaubt man nur an seine eigene Liebe. Man benutzt hier das Wort Liebe, um den anderen zu manipulieren. Doch das ist die Form der Eigenliebe, keine wahre Liebe.

Beispiel 6:

Man begleitet einen anderen, sagt, dass es Liebe ist, doch es ist Habgier. Wege dieser Menschen sind gepflastert von Lügen, Intrigen und Machtsucht. Diese Person will Anerkennung, gibt vor, ein liebevoller Mensch zu sein, doch sein Herz ist kalt und aus Stein. Er will nur die Sehnsucht des anderen für seine Habgier benutzen, sagt, es sei Liebe, doch sie ist es nicht.

Beispiel 7:

Ein Mann trifft eine Frau, die Geld besitzt, aber nicht schön ist. Er sagt, er liebe sie. Doch das ist es sicher nicht. Denn er liebt die Schönheit, was immer dies bedeuten mag. Dieser Mann sieht nicht ihr Herz, sondern nur ihren gefüllten Geldbeutel. Das passiert in jeglicher Beziehung zwischen Menschen, egal, ob Mann, ob Frau. Das ist keine Liebe, nein, das ist die Macht des Geldes und die Habgier, die den anderen zerfrisst.

Beispiel 8:

Eine Frau gaukelt einem älteren Mann, der sie liebt, die Liebe vor. Sie will sich retten, ihre arme Familie unterstützen, die weit weg in Not lebt. Eine gute Absicht, denn sie will ihren Lieben helfen, die arm sind. Doch das hat oftmals nichts mit Liebe zu tun, denn sie benutzt den Mann, der sie so liebt. Das ist keine wahre Liebe, sondern nur Liebe aus Eigennutz.

Beispiel 9:

Wer nicht wagt, der nicht gewinnt. So heißt es in einem Sprichwort. Auch die Liebe ist ein Wagnis, egal ob hetero oder homosexuell. Alle Arten der Liebe sind ein Wagnis, doch spielt man jemandem etwas vor, so muss man sich nicht wundern, wenn die „Sache Liebe" schief geht und nicht so funktioniert, wie es einem selbst lieb wäre. So gaukelt man, egal ob hetero, bisexuell, homosexuell veranlagt, dem anderen vor, es sei Liebe, doch man kann nicht wirklich lieben, weil eine Liebe fehlte: Die Liebe der Mutter.

Beispiel 10:

Eine Frau liebt einen Mann, ein Mann liebt eine Frau. Sie sind unerreichbar füreinander. Sie beginnen sich in allem zu verrennen. Heucheln den Partnern Liebe vor, obwohl ihr Herz längst einem anderen/einer anderen gehört. Setzen sich emotional unter Druck, wissen nicht, was zu tun ist. Kinder sind im Spiel, ob groß, ob klein. Keiner Macht wollen sie nachgeben. Sie befinden sich im Zwiespalt. Mit Liebe hat das wenig zu tun, denn, würde allein das Herz entscheiden, so würden sie ihn kennen, den richtigen Weg, der sie zur Liebe führt.

Beispiel 11:

Die Mutter liebt ihr Kind. Das Kind fühlt sich allerdings verstoßen, weil die Mutter einen anderen Mann liebt, als den Vater des Kindes. Sie wird auch mich verlassen, denkt das Kind. Obwohl sie ihr Kind liebt, geht die Mutter mit dem neuen Mann. Der aber will das Kind nicht. Mit der Zeit wird die Mutter feststellen, was es bedeutet, zu lieben. Sie wird ihr Kind vermissen. Doch sie kann diesen Schritt wieder gutmachen, in dem sie ihrem Kind die Liebe wieder schenkt, die es leidend vermisst hat. So gilt das im umgekehrten Fall auch für einen Mann, der die Frau, getrieben von sexuellem Handeln, verschmäht, die die Mutter seines Kindes ist.

Beispiel 12:

Es lebt ein Mann in Scheidung. Seine Noch-Ehefrau gibt ihn auf, weil er trinkt. Sie will nichts mehr mit ihm zu tun haben. Da verlässt ihn der Lebensmut ganz und er trinkt noch mehr. So will er in seinem unsäglichen Leben, das für ihn ohne seine große Liebe, die Frau seines Herzens, nichts mehr wert ist, nicht mehr weiterleben. Sie gab ihn auf, nicht, weil sie ihn nicht mehr liebte, sondern weil sie keine Kraft mehr hatte. Fazit hieraus: Liebe kann kraftlos machen, wenn sie zerstört wird durch äußere Einflüsse und tätliche Handlungen. Doch wäre es nicht einfacher gewesen, die Eheleute, die sich eigentlich liebten, hätten sich gegenseitig geholfen, statt alles, einschließlich ihrer einstigen Liebe, aufzugeben? „Die Menschen geben viel zu schnell auf", kam hierzu die Botschaft von Erzengel Metatron. „Doch hier sind wieder die Lebensumstände, die Mut- und Kraftlosigkeit der Menschen im Spiel. Statt sich zu lieben, geben sie sich auf."

Beispiel 13:

Eine Frau liebt einen Mann, dessen Familie gerade zerbricht, weil seine Lebensumstände ihn zermürben. Sie will ihm helfen, doch der Mann stößt sie weg. Er will alleine mit allem fertig werden. Sie leidet, er leidet. Dabei wollte sie nur helfen, doch gab er sich und ihrer Liebe keine Chance. Hatte er doch mehr im Sinn als Liebe; seine eigene Liebe.

Beispiel 14:

Das Gleichnis der Brüder, die die gleiche Frau begehren. Der erste Bruder liebt sie, dann liebt auch der zweite Bruder diese Frau. Sie liebt beide und kann sich nicht entscheiden. Aber sie muss sich entscheiden. Entscheidet sie sich mit dem Herzen, hört auf ihre innere Stimme und nicht auf das, was andere ihr sagen, so wird sie die richtige Entscheidung intuitiv treffen. Tut sie das nicht, so werden alle drei Personen niemals glücklich sein.

Beispiel 15:

Die Liebe macht blind. Ein Mann sieht die Gier des anderen, nimmt es wahr, will es aber nicht wahrhaben. So geht er mit dem anderen, weil das der einfachere Weg zu sein scheint. Doch man gaukelt sich gegenseitig vor, etwas füreinander zu empfinden, aber die wahre Liebe ist das nicht. So werden beide dauerhaft nicht glücklich sein, wenn sie es denn im Herzen überhaupt einmal waren.

Beispiel 16:

Ein Mann liebt eine Frau, doch sie ist die Frau eines anderen, den sie aus Trotz geheiratet hat. Der Mann und die Frau sind anderweitig vergeben. Doch sie sehen sich, spüren intuitiv, dass das die wahre Liebe ist. Sie können sich von ihren Partnern nicht trennen, weil sie das nicht mit ihrem Gewissen schaffen. Sie fühlen sich verpflichtet. Reden, lieben. Sie wollen treu sein. Das alles sind Attribute der Liebe. Hätten sie als junger Mensch nicht aus Trotz die Ehe einem anderen versprochen, so wären sie jetzt frei für ihre Liebe. Vielleicht werden sie unglücklich sein, vielleicht den Partner kränken, betrügen, belügen. Es hilft kein Wenn und Aber, intuitiv müssen sie die richtige Entscheidung treffen, ob es nun für sich oder andere das Unglück oder Glück bringt. Miteinander reden, vielleicht den Partner, der einen wirklich liebt, nicht verletzen. Das wäre hier die Kunst des Lebens.

So wird es noch viele Beispiele für die Welt der Liebe geben. Nur eines ist wichtig, dass aus Liebe mit dem Herzen gehandelt wird. „Gebt euch ein Zeichen der Liebe, denn das ist euer aller Lebenselixier."

Es gibt nicht nur Beispiele, wie die Liebe mit Füßen getreten wird. Überall und für alles gibt es Beispiele. So nehmen wir hier einmal die Lebensumstände, die uns zwingen, etwas zu tun, zu erleben, zu haben, was wir selbst beeinflussen. Aber wir könnten auch beeinflusst werden.

Beispiel 1:

Der Mann liebt seine Frau, doch sie hat nicht die Lebensphilosophie, die er hat. Sie denkt anders als er. Obwohl sie sich lieben, bekommen sie den gemeinsamen Alltag, der immer wieder Prüfungen für sie bereithält, nicht in den Griff. Sie ist Hausfrau, hat drei Kinder geboren. Aus Liebe. Dann macht er Karriere in seinem Beruf. Die Frau bleibt bei den Kindern, kümmert sich um den Haushalt, Kinder, Mann. Dabei vergisst sie sich selbst. Dann ließ sie sich gehen. Zwar war alles liebevoll hergerichtet, wenn der Mann nach Hause kam, doch er hatte andere Vorstellungen von einer Frau. Im Berufsleben traf er eine attraktive Dame, die er nicht liebte, aber sexuell begehrte. Ihre Kleidung war so anders als die seiner geliebten Frau. Seine Frau roch vielleicht eher nach Seife oder Waschpulver, die andere duftete nach Rosenblüten. So kam, wie es kommen musste. Er gab sich seiner sexuellen Lust im Rausch hin und begab sich in die Schuld seiner Frau gegenüber. In Wahrheit liebte er seine Frau, aber nicht die andere. Doch so ging das eine Weile, bis die geliebte Frau erkannte, dass sie für ihn nicht attraktiv genug war und er ihr fremdging. Sie leidet, er hatte kurz Spaß. Doch die Liebe, die sie einst hatten, verschwand. Nun wäre es an der Zeit, miteinander zu reden. Aber oft kommen hier nur Schuldzuweisungen zu Tage, verletzter Stolz, Neigungen, wie auch immer. Die einstige Liebe schwindet immer mehr, obwohl man sich eigentlich gar nicht verletzen will. So gibt ein Wort das andere, eine Tat der Lieblosigkeit folgt und alles, was je etwas bedeutet hat, verliert an Bedeutung und man zerstört das einstige Glück. Man trennt sich, obwohl man zusammen gehört. Die Kinder verlieren den Lebensumstand, der sie gefestigt hätte: Die Ehe und Liebe ihrer Eltern. Zweifel kommen auf. „Hat er mich je geliebt?", fragt sich die Frau. „Warum haben wir kein richtiges Zuhause mehr und warum lieben sich Mama und Papa nicht mehr?", fragen sich die Kinder. Der Mann steht fassungslos vor den Scherben seiner Familie, fragt sich oft gar nicht mal, warum das passiert ist und fühlt sich selbst verletzt. Der Alltag hat sie besiegt, denn er sah nur die Attraktivität und Schönheit der anderen. Ob diese andere Frau Charakter hatte oder nicht, spielt dann keine Rolle mehr. Im Berufsleben stand er gut da, hatte alles, was man sich wünschen konnte, doch eines hatte er nicht: Die Liebe.

Beispiel 2:

Kinder erleben Streitigkeiten der Eltern. Aus den verschiedensten Gründen können Menschen sich streiten und lieblos miteinander umgehen. Doch sollte das Familienglück darunter leiden? Der Familienzusammenhalt ist so wichtig für alle. Aber schon hier werden durch die vielen Streitigkeiten, die zum Beispiel die Eltern führen, den Kindern nicht die richtigen und wichtigen Werte im Leben vermittelt. Sie bekommen Worte mit, die sie im späteren Teil des Lebens für normal halten, seien es Worte, die als Schimpfwörter bezeichnet werden oder Ausdrücke der verbalen Art, die jedem wehtun. Sie finden das dann zeitweise „cool", weil die Erwachsenen sich doch auch so anschreien und solche Wörter benutzen. So wird etwas für normal empfunden, was gar nicht normal ist, sondern nur eine dumme Reaktion sich streitender Menschen, die Verantwortung für ihre Kinder übernehmen, aber nicht wissen, was das bedeutet. Vorbildfunktion heißt das, was viele Menschen nicht achten. Wie kann ein Mensch für seine Kinder ein Vorbild sein, wenn da zum Beispiel im Streit einfach nur Schimpfwörter der übelsten Art genommen werden oder sogar einer den anderen schlägt? Meinen die Kinder dann, das ist normal und wiederholen dies in ihrer späteren Beziehung und bei ihren Kindern? Das wäre dann sicher kein Vorbild mehr, sondern ein Bild des Grauens.

Wie oft hört und sieht man das. Im Fernsehen gibt es täglich solche Sendungen zu sehen. Dort wird häufig gezeigt, dass das vielleicht zur Normalität in manchen Familien gehört, sich zu streiten, zu schlagen, wie auch immer. Das könnte alles anders sein und würde im späteren Leben sogar dafür sorgen, dass Streitigkeiten und

Verbalaktionen, wie Schlägereien, verhindert werden. Machbar wäre dies sicher.

Beispiel 3:

Alter schützt vor Torheit nicht, sagt man. Da gehen Ältere sogar aufeinander im Streit los, weil der eine etwas hat, was der andere immer haben wollte. Das passiert zwar in jedem Alter, aber man sollte glauben, dass die Älteren durch ihre Lebenserfahrung dazu gelernt haben. Doch auch das schaffen einige Menschen nicht. Sie streiten sich, obwohl die Umstände, in denen sie leben, gut sind. Da gönnt Frau X der Frau Y noch immer nicht das gelbe Kleid, das sie sich kaufen wollte. Aus den Umständen des Lebens könnte man lernen. Aber da bekommt eine Dame mehr Rente als die andere und schon keimt selbst im Alter der Neid noch auf. Völlig unnötig.

Beispiel 4:

Neid jeglicher Art und in jedem Alter ist immer das, was der andere besitzt oder eben nicht besitzt. Man will alles haben, was man nicht haben kann und sei es nur das kleine Stück Seife, das vielleicht besser riecht als das eigene Stück Seife. Klingt sicher merkwürdig, aber ist es nicht so, dass man gerade das, was man nicht hat, immer haben möchte? Dabei könnten wir unser Leben so viel friedlicher, genügsamer und zufriedener gestalten. Alles zu haben, ist wahrscheinlich gut. Aber braucht man das um glücklich zu sein?

Zufriedenheit ist ein sehr guter Lebensumstand. Natürlich gibt es Vieles im Leben, was man gerne hätte und es sich nicht leisten kann. Man hat kein Geld, um sich einfach ein paar neue Schuhe zu kaufen, aber die alten Schuhe sind eigentlich noch gut. Die Nachbarin hat sich allerdings neue Schuhe leisten können. Vielleicht hat sie sogar 300 Paar Schuhe im Schrank stehen, wie auch immer, man wird automatisch neidisch, weil man das vielleicht selbst gerne alles hätte. Nicht zu verwechseln ist das mit dem Umstand der Armut, wo man wirklich etwas haben müsste und dieser Lebensumstand, die Nöte eines Menschen, sehr bedenklich sind. Doch das hat nichts mit Neid zu tun. Neid ist immer die Unzufriedenheit mit dem Lebensumstand, ist aber auch eine Lebenseinstellung. Wenn man mit sich und der Welt zufrieden ist, egal, ob man nur wenig hat, um zu leben, dann kann der Neid einem nichts anhaben.

Beispiel 5:

Der Mensch ist arm geworden, sei es in finanzieller Hinsicht oder das der Lebensumstand ihn zerfrisst. Eine Frau verliert ihre Arbeit, kann sich selbst nicht mehr ernähren, tut alles, um eine neue Arbeit zu finden, jedoch scheitert sie. Sie denkt, dass sie keiner mehr mag, dass keiner ihr eine Chance gibt. In eine solche Situation kann ein Mann jedoch genauso geraten wie eine Frau. In der Gesellschaft ist dieser Mensch dann nicht mehr gut angesehen, da man Nichts mehr hat. Man lud Freunde zum Essen ein, bezahlte für sie. Doch nun ist man arm, weiß kaum, wie man sich etwas zu essen kaufen kann. Die angeblichen Freunde von einst sind verschwunden. Für die Gesellschaft ist der arme Mensch meist ein unliebsames Anhängsel. Dann rutscht dieser Mensch ab, obwohl er eigentlich nur eines bräuchte: Die Liebe seiner Mitmenschen. Aber die Menschen sehen dann nur ihr eigenes Wohl. Anderen zu helfen, auch wenn sie einem vorher hilfreich und treu zur Seite standen, kommt für die wenigsten Leute in Betracht. Das ist schade, doch wird man dies immer wieder vorfinden. Gegenseitige Hilfe, Unterstützung und vor allem Liebe wäre hier angebracht.

Beispiel 6:

Der Mann liebt seine Frau, doch er hat andere Interessen. Er liebt das Kegeln, sie liebt die Mode. So sehen sie sich nicht häufig. Der Mann wird durch seine Kegelfreunde beeinflusst, da er immer ohne seine Frau dieses Hobby ausübt. Die Frau lässt sich von ihren angeblichen Freundinnen überreden: „Geh` doch mit ins Theater." Sie geht mit, obwohl sie ihren Mann vermisst. Es kann sein, dass beide Liebenden diese Art der Freizeitgestaltung von alleine wünschen, doch meistens ist die Sehnsucht, etwas gemeinsam zu tun, größer. Wenn sie dann trotzdem andere Interessen haben, ist das ein stückweit gut. Aber wenn sie alles machen, nur um den anderen zu gefallen, ist es nicht gut. Alles, was aus der Macht eines anderen entsteht, ist dann nur der Wille des anderen, aber nicht der eigene Wille.

Beispiel 7:

Die Frau arbeitet, obwohl das Einkommen ihres Mannes reicht. Sie will unabhängig sein, etwas anderes sehen, als nur die Hausarbeit. Manchmal mutet sie sich damit zu viel zu und kann dann den Alltag nicht bewältigen. Sie sagt, dass ihr das alles gefällt. Hinzu kommt, dass ihre Freundinnen gestichelt haben. Vielleicht mit den Worten: „Du musst unabhängiger sein. Du musst dich attraktiver machen, gehe mehr aus dir heraus und und und." Eigentlich wäre diese Frau mit ihrem Leben, mit einem nur gemütlichen Zuhause für sich und ihre Liebsten zufrieden gewesen, aber sie tat das, was andere ihr aufgetragen hatten und sie glaubte, mit ihrem bisherigen Leben unzufrieden zu sein.

Beispiel 8:

Es liebte ein Mann einen Mann. Doch dieser Mann liebte eigentlich Frauen. Da redete er auf ihn ein, wie toll das alles wäre und wie unabhängig man ist, wenn ein Mann einen Mann liebt. Natürlich mit der Berechnung auf sein eigenes Wohl. Frauen sind zickig, arrogant, sind oft nur auf das Geld des Mannes aus. Männer sind so nicht... Dabei passiert das in allen Lebensmöglichkeiten, egal, ob Mann mit Mann, Frau mit Frau oder dem klassischen Beispiel Mann und Frau. Der Mann, der eigentlich einer Frau zugetan war, ließ sich aus Neugier und Überdruss der Weiblichkeiten auf den Mann ein. Er dachte sich nichts weiter dabei und folgte der Handlung des anderen. Wirklich gut fühlte er sich nicht dabei, aber es reizte ihn.

Beispiel 9:

Die Macht des Geldes. Egal, wer und wie sie benutzt wird, sie hat bei Vielem Erfolg. Ob eine Frau sich einem Mann zuwendet, weil er Geld hat oder im umgekehrten Fall. Er oder sie spekulieren auf das Geld des anderen und gaukeln eine Lebenssituation vor, die gar nicht wirklich gegeben ist. Liebe wird hier oft mit sensationell klingenden Worten und Sex vorgetäuscht. Das hat aber nichts mit Liebe zu tun. Liebe und vorgetäuschte Liebe ist ein riesengroßer Unterschied.

Beispiel 10:

Es kommt ein fragwürdiger Mensch in das Leben eines geliebten Menschen. Man will dem anderen sagen: „Der tut dir nicht gut, der hat keine guten Absichten." Aber der geliebte Mensch lässt sich nichts sagen, meint sogar, der fragwürdige Mensch sei ihm gut. Nur ist er das nicht. Der fragwürdige Mensch benutzt den anderen geschickt für sein Ziel. Als Beispiel nehmen wir hier einmal Martin und Else, einfach Namen, so aus dem Leben gegriffen. Else liebt Martin aufrichtig, doch er jagt den Idealen einer anderen Person hinterher. Während diese andere Person geschickt mit Worten, Geld, angeblicher Liebe die Überzeugungskraft hat, Martin zu beeinflussen, leidet Else. Nichts was Else sagt ist gut genug. „Was Else tut, ist nicht recht", sagt die fragwürdige Person. Da Martin, getäuscht durch die Worte und Werke des Anderen, sich blenden lässt, gibt er der wahren Liebe und dem richtigen Weg keinerlei Chance. Martin stößt alle guten Taten von Else weg. Sie ist enttäuscht, aber liebt ihn. Martin geht einen anderen Weg und folgt den schönen, wirklich nichtssagenden Worten einer anderen Person. So erleben wir das leider im Leben immer wieder, egal, in welcher Position gerade der Mensch lebt.

Beispiel 11:

Die Worte der angeblich guten Freundin oder des angeblich guten Freundes. Es gibt hierzu viele Beispiele, doch nehmen wir hier ein klassisches: Man lernt Menschen kennen, vertraut ihnen, geht den Weg, den sie auch gehen, sei es ganz oder nur ein Stück. Zum Beispiel lernt man oft durch das Berufsleben Menschen kennen. Über Probleme, Hobby, Familie, über alles redet man mit den Menschen, denen man vertraut. Da entstehen Freundschaften, aber auch angebliche Freundschaften, die sich im Nachhinein betrachtet, als einfache Bekanntschaften herausstellen. Trotzdem vertraute man aus den verschiedensten Gründen diesem Menschen. Egal, ob Mann, ob Frau, ob jung, ob alt. Das geschieht in allen Lebenslagen und in allen Lebensumständen. Es wird sich später zeigen, ob es nun wahre Freundschaften sind, die sich entwickelten oder nur als Zweckgemeinschaft dienten.

Zweckgemeinschaften, weil die Kollegin der anderen Kollegin sympathisch war, diese Kollegin und angebliche Freundin sie aber nur benutzte, um sie auszuhorchen. Vielleicht war zu diesem Zeitpunkt auch keine andere Person da, mit der man hätte reden können, ob nun im Berufsleben oder in Privatem. Man vertraute, wollte einfach nur mit jemandem reden. Angeblich hörte diese Freundin/Kollegin gut zu. In Wirklichkeit interessierte sie das alles nicht und könnte aber der erzählenden Person schaden, da diese sich durch ihr Reden, was sie so gerade beschäftigt, angreifbar gemacht hat. Gute Freunde nutzen das niemals aus, angebliche Freunde schon.

Beispiel 12:

Es gibt keinem das Recht über andere Menschen herzuziehen. Doch wie oft passiert das im Alltag. Wir haben das alle schon erlebt, egal, in welcher Position man gerade ist. Ob über einen selbst hergezogen wird oder ob man es sogar selbst macht. Einfach so, ohne groß darüber nachzudenken. Ob man dem einen oder anderen damit schaden könnte, spielt in diesen Augenblicken gar keine Rolle. Lästert man aus eigenem Frust, aus eigenem Misstrauen oder einfach nur, weil es gerade so passt? Aber man kann mit diesem Verhalten und dann gegebenem Lebensumstand der Missachtung einer Person viel Schlimmes anrichten. Das neuzeitliche Wort hierfür heißt: Mobbing. Ob man das bewusst oder unbewusst macht, es ist ein Fehlverhalten von uns Menschen. Der Mensch lästert aus Eigennutz oder Langeweile, vielleicht aus Neid. Man greift sich den gerade Schwächeren, redet von ihm, über ihn. Mit dem Anvertrauten spekuliert man, erzeugt neues „Material" für weitere „Informationen" und so steckt man ganz schnell eine gute Person in das „Kleid" einer Person, die sie so gewiss nicht ist. Man fügt hier an Stellen sein eigenes Bild von der Person dazu, glaubhaft, so dass die anderen die Meinung gut und gerne oft übernehmen. Die gute Person wird als Denunziant oft dargestellt, doch das Denunzieren hat man selbst getan. Diese Menschen werden in eine Ecke getrieben, aus der sie schwerlich wieder herauskommen, da eine einmal getroffene, wenn auch vorgefertigte Meinung, nicht aus den Köpfen der Menschen herausgeht. Was hat man getan? Eine unschuldige Person verleumdet, gedemütigt und als dumm oder wie auch immer dargestellt, was nicht richtig ist. Traurig, aber leider Realität.

Beispiel 13:

Der Mensch ist ein Gewohnheitstier. Das sehen und spüren wir immer wieder. Man steht morgens auf, macht sich im Bad fertig, frühstückt, geht zur Arbeit, macht seinen Job mehr oder weniger gerne und gut, geht nach Hause oder trifft sich mit Bekannten/Freunden, schaut fernsehen, geht schlafen. So sieht doch der Alltag und Lebensumstand von den meisten Menschen aus. Manchmal kommt man sich selbst wie ein gut funktionierender Roboter vor. Man befindet sich in einem großen Rhythmus des Tages, der Woche und so vergehen Monate und Jahre. Mal gut, mal schlecht, mal durchwachsen. Vielleicht möchte man das eine oder andere ändern, tut es aber nicht. Es gibt Möglichkeiten, etwas zu ändern. Man sieht es oder eben nicht. Man will es sehen oder eben nicht. Der Alltagstrott hat Einzug gehalten und manchmal dreht man sich im Kreis. Entscheidet man sich nun für die Gewohnheit ist das bedingt gut. Wenn man mit diesem Lebensumstand der Gewohnheit zufrieden ist, ist das in Ordnung. Wenn nicht, sollte man neue Wege gehen.

Beispiel 14:

Der Mensch liebt, doch er kann es nicht zeigen. Die Liebe durch seine Mutter, durch seinen Vater oder andere Anverwandten hat er nie gespürt. Es liebt die Seele, aber der Mensch, den er verkörpert, handelt anders. Ein glaubloser Zustand der Liebe entsteht, denn dieser Mensch geht falsche Wege, glaubt an falsche Ideale, glaubt falschen Menschen. Das könnte einfacher sein für diesen lieblos erzogenen Menschen, wenn er die Liebe sehen könnte, spüren könnte. Das Leben für diesen Menschen wird oftmals zur Qual, denn er kann nicht „aus seiner Haut" heraus. Würde dieser Mann oder diese Frau oder dieses Kind rein der Intuition folgen, so wäre es einfacher. Da alle Menschen, egal welchen Alters, beeinflussbar gemacht worden sind, geht der Weg der Liebe oft falsche Wege.

Als Beispiel verliebt sich eine Frau in einen Mann, der angeblich die große Liebe in sich trägt. Doch in Wahrheit ist er armselig, nicht nur in puncto Liebe geben. Sie gibt alles, er will, kann aber nicht. So wird das oft im Leben geschehen, dass der eine den anderen liebt, aber nicht das geben kann, was seine Liebe ihm sagt. Er spürt Liebe. Da dieser Mensch die Liebe jedoch nicht richtig kennengelernt hat, glaubt er nicht so recht an die wahre Liebe und geht einen Weg, der schmerzhaft für ihn und die liebende Person ist. Leider wahr, aber alle können Liebe spüren. Sie müssen es nur zulassen.

Beispiel 15:

Ein Mann begehrt eine Frau, doch sie liebt nur die Macht des Geldes. Auch das ist nicht nur ein Thema der Liebe, sondern gehört ebenfalls zu dem Thema Lebensumstände. Diese Frau will einen hohen Lebensstandard haben, gibt Liebe als Pfand vor und erlaubt einem Mann, sie zu begehren, mit dem Ziel, die Macht des Geldes zu erreichen. Sie hat dann zwar den Lebensumstand Reichtum, allerdings nur äußerlich. Doch die Liebe, die wahre Liebe, fehlt.

Beispiel 16:

Ein gutgläubiger Mensch lässt fast alles mit sich machen. Er lässt sich sogar anpöbeln und wehrt sich nicht. Es wurde ihm beigebracht, anderen eine Chance zu geben. Doch ihm selbst wird durch andere nie eine Chance gegeben. Im Gegenteil, sie trampeln auf der Seele des gutgläubigen Menschen herum. Teilweise ergötzen sie sich daran, verhöhnen ihn/sie und beschmutzen die arme Seele. Der gutgläubige Mensch wehrt sich nicht, weil er denkt, die anderen sind doch viel stärker als ich. Er/sie halten still, wollen ihren Frieden. Aber die angeblich Stärkeren lassen diesen Menschen nicht in Ruhe.

Immer und immer wieder nutzen sie jede Gelegenheit aus, um diesem Menschen weh zu tun. Sie lachen, spotten, vielleicht greift man sogar mit Schlägen diese arme Seele an. Das macht ihnen noch Freude. Eine Freude, die bei Weitem nichts mit richtiger Freude zu tun hat, aber mit Grausamkeit. Hier sollten andere Menschen helfen, nicht zusehen. Aber es trauen sich viele nicht, weil sie Angst vor der Reaktion der anderen „Stärkeren" haben. Alles könnte friedlicher aus Liebe geschehen, aber da viele auf verschiedenste Art und Weise keine Liebe kennengelernt haben, werden sie ihre Aggressionen an anderen auslassen bis es zu spät ist. Gewonnen hat niemand bei diesen Aktionen. Die arme Seele ist gedemütigt und am Boden. Die angeblich Stärkeren fühlen sich zwar gut dabei, doch sind ihre Seelen noch viel ärmer.

Beispiel 17:

Die Last der alltäglichen Mühe lässt einige Menschen an sich selbst nicht mehr glauben. Man hat einen Trott, geht Wegen nach, denen man eigentlich gar nicht so recht nachgehen will. Vieles hält man für selbstverständlich, ist es aber nicht. Da braucht man Mut, um weiter zu gehen. Aber einige verlässt der Mut, den nächsten Schritt zu tun. Man könnte etwas falsch machen. Wie zum Beispiel, sich eine neue Arbeit suchen, die mehr Erfüllung ins Leben bringen könnte. Man hat einen Job, macht ihn, weil man Geld verdienen muss, kann sich viel leisten. Würde man diesen Job, der einem Geld einbringt, tauschen gegen eine Arbeit, die mehr für die eigene Seele tun könnte, man aber weniger Geld verdient? Die meisten Menschen würden es gerne, aber sie schaffen es nicht. Sich ein Kleid zu kaufen, sich mit Freunden auf ein paar Bierchen treffen, alle zwei Jahre ein neues Auto kaufen oder mindestens einmal im Jahr an die Strände in fernen Ländern fliegen, wo es teuer ist, das sind die Ziele einiger Menschen. Diese Ziele könnten sie sich aber nicht erlauben, würden sie nicht das nötige Geld jeden Monat mit nach Hause bringen. Mit etwas weniger auskommen? Nein, das können einige Leute nicht. Aber dafür nehmen sie einen tagtäglichen Lebensumstand in Kauf, nämlich die Unzufriedenheit. Sie sind unzufrieden im Job, geben anderen gerne die Schuld daran, dabei könnten sie ein zufriedeneres Leben führen, auch wenn das im ersten Moment bescheidener wäre. Bescheidenheit ist ein Lebensumstand, aber einer, der weniger braucht als die Zufriedenheit.

Als Beispiel hierfür nehmen wir einfach eine Frau, die arbeiten ging, um sich zu ernähren. Sie brauchte keinen Mann, der für sie das Geld nach Hause brachte. Die Arbeit fiel ihr von Tag zu Tag schwerer, weil sie keine Lust mehr hatte dort zu arbeiten. Doch sie tat es aus Pflicht, denn man muss seinen Lebensunterhalt verdienen, sonst kann man nicht leben. Grundsätzlich ist das richtig. Aber gedanklich wollte sie die Arbeit schon wechseln, nur schaffte sie es nicht. Plötzlich verlor sie ihren gut bezahlten Job. Die Entscheidung war von anderen Leuten gefallen. Nun ging sie durch viele bittere Jahre, denn sie drehte sich im Kreis. Dann geschah etwas Seltsames und sie betrat eine völlig neue Welt. Sie arbeitete wieder, anders als zuvor, gewann wieder Lebensmut und Zufriedenheit. Diese Arbeit brachte ihr anfangs nicht das „große" Geld, wie die Arbeit vorher, aber sie wurde in sich ruhiger und zufriedener. Geld allein macht nicht glücklich.

Beispiel 18:

Der Lebensumstand der Treue. So schwören sich Frau und Mann vor Gott die ewige Treue, wenn sie das Ehegelübde ablegen. Mancher vor dem Traualtar meint das ernst. Mancher nicht. Für viele Menschen ist das ein romantischer Moment, aber nicht alle stehen aus Überzeugung vor dem Traualtar. Sie sagen, es sei Liebe und glauben an die Liebe, sei sie noch so schwach. Dazu gab es ja schon einige Beispiele zuvor. Man schwört sich Treue ohne Ehegelübde, man schwört auf alles, was einem „heilig" ist. Viele wissen gar nicht, was wirklich heilig ist, was es überhaupt bedeuten kann.

Aber nun das Beispiel Treue: Ein Mann gibt vor, die Frau zu lieben, betrügt sie aber schon kurz nach diesem Eheversprechen mit einer anderen Frau. Die Ehe ist nur ein schöner Schein und mit Treue hat das nichts zu tun. Wie oft schwört man Treue, nicht nur als Ehegelübde? Als Freunde, als Liebende, als Verwandte, als Menschen, die sich näher kommen. Oft nur aus der Situation heraus. Wie ernst das bei jedem einzelnen ist, wird sich im späteren Verlauf des Lebens zeigen.

Beispiel 19:

Der Lebensabschnitt ist bei allen gleich. Aber die Lebensumstände, in denen man lebt, nicht. Geburt, Kindheit, Erwachsenwerden, Beruf, Krankheit, Tod, das alles wird jeder von uns Menschen erleben. Egal, wie alt man ist, wie reich man ist, wo man gerade lebt. Die Lebensabschnitte sind gleich. Wie das bei jedem von uns ist, hängt vom Verlauf des Lebens ab. Wie werde ich geboren? Schon da fängt das berühmte Thema arm oder reich an. Arm in der Bedeutung: Werde ich in eine

Familie hineingeboren, der es finanziell gut geht oder nicht? Arm an Geld, arm an Liebe, arm an Geborgenheit. Das ist entscheidend für Lebensumstände, die uns auf dem Weg des Lebens prägen.

Reich an Liebe, an Geld, an Geborgenheit. Das muss nicht immer eine gute Voraussetzung sein, ist aber ein besserer Start ins Leben. Inwieweit uns dies an Reichtum weiter begleiten wird hängt von allem, was wir tun, was andere tun oder nicht tun, ab.

Ein Beispiel als arm geborener Mensch: Das Kind spürt keine Liebe. Die Eltern sind arm, da sie weder Geld haben noch Liebe in sich tragen. Sie übertragen alles auf das arme Geschöpf und geben ihm nicht die Liebe und Geborgenheit, die das kleine Wesen braucht. Die Kindheit verläuft oft schlecht und man kann sich nur schwer wehren. Da entscheidet sich im Leben Vieles schon in der Zeit des Erwachsenwerdens, welchen Weg wir gehen. Gibt es hier schon Freunde, die einen liebevoll begleiten oder die einen auf den falschen Weg bringen?

Es gibt aber auch das Beispiel der armen Mutter, die ihr Kind liebt, es umsorgt und ihm Geborgenheit schenkt. Sie kann kaum für ihr Kind und sich selbst sorgen, aber die Liebe ist stark und sie gibt dem Kind viele positive Eigenschaften mit auf den Weg des Lebens. Später wird das Kind wahrscheinlich seiner Mutter danken für all die Liebe, die Sorgen und Nöte, die sie aushielt, um das Kind zu einem guten Menschen zu machen. Mit großer Wahrscheinlichkeit wird das Kind dann für die Mutter sorgen.

Ein Beispiel dafür, dass der Reichtum von Geburt an da war, aber nur der Reichtum mit Geld und ohne Liebe. Ein kleines Wesen wird geboren in ein Haus, das an Geld nicht mangelt. Aber die Eltern lieben das Kind nicht. Es bekommt alles, gute Schulbildung, es kann sich alles kaufen. Doch die Liebe, die Geborgenheit, fehlt. Das Kind hält Geld für ein gutes Gelingen in allem. Es wird arrogant mit anderen Menschen umgehen, sich Liebe vielleicht mit Geld erkaufen. Das hat es schon immer gegeben, auch in früheren Zeiten.

Wird das Kind in gute Verhältnisse hineingeboren, hat einen guten Umgang und es mangelt ihm an Nichts, vor allem nicht an Liebe, dann kann dieses Lebewesen sich als sehr glücklich betrachten.

Ein guter Lebensumstand ist ein guter Ratgeber für alles. Aber wer arm ist, muss nicht gleich arm sein. Wer reich ist, muss nicht gleich reich sein.

Beispiel 20:

Ein Mann stirbt, seine Frau leidet. Ein Kind stirbt, die Mutter leidet. Es gibt viele Beispiele, wenn man als Mensch ein geliebtes Wesen verliert und nun Trauer in sich trägt. Trauer ist ebenfalls ein Lebensumstand. Man weint um dieses geliebte Wesen, das von uns gegangen ist. Doch man liebt es über den Tod hinaus, so sehr, dass es Schmerzen in der Seele verursacht. Schmerzlich ist der Tod für die Hinterbliebenen, die weiterleben. Sie glauben nicht mehr an Gott, wollen es, schaffen es manchmal aber nicht mehr. Unsere Seele ist verletzt. Verletzt durch den Umstand des Verlustes. Wieso er? Warum musste er oder sie gehen? Ständig fragt man: Warum? Oft erlebt man dann, dass sich die Menschen sehr vergraben. Sie blocken jeglichen Kontakt ab. Den Kontakt zu anderen, den Kontakt zu Gott und den Kontakt zu sich selbst. Liebe wäre hier wichtig. Freunde, Bekannte, Verwandte oder andere Menschen und Tiere, die man in sein Herz geschlossen hat. Sie alle könnten dem Trauernden Liebe geben. Gute Worte helfen da oft nicht. Es nützt auch nicht der Satz: „Er war ja krank" oder „so hätte es nicht mehr weitergehen können." Der Trauernde verzweifelt daran, weil der Trauernde leidet. Mit viel Liebe sollte man einem Trauernden begegnen und mit Rücksicht. Jeder braucht eine gewisse Zeit, um über alles Erlebte hinwegzukommen oder dass der Schmerz nach und nach leiser wird. Mancher Mensch braucht dafür länger als der andere. So sollte man diesem Menschen immer gut zureden und ihn einfach lieben, niemals sollte man ihn unter Druck setzen. Aber das tun Menschen, selbst einen Trauernden unter Duck setzen, statt ihn einfach zu lieben und ihm die Zeit zu geben, die der trauernde Mensch braucht.

Beispiel 21:

Leben ohne ein geliebtes Wesen, sei es ein Mensch oder ein Tier. Wenn jemand stirbt, fühlt der Zurückgebliebene sich oft allein. Einsamkeit nennt man diesen Lebensumstand. Man liebt diesen Menschen, dieses Tier und kann sich ein Leben ohne dieses geliebte Wesen nicht mehr vorstellen. Aber man muss. Dass wir alle einmal gehen müssen, wissen wir. So ist das Leben: Geburt, Tod, alles gehört dazu. Die Einsamkeit aus Verlust des geliebten Lebewesens kann einem das Leben schwer machen. Vielleicht gibt es Menschen oder Tiere an unserer Seite, die uns Liebe schenken, denn Liebe ist das Allheilmittel für alles. Leider geben wir uns oft selbst auf. Unsere Lieben im Himmel wollen das nicht. Aus eigener Erfahrung weiß ich das und kann mit absoluter Sicherheit sagen: Wir sind nicht allein.

Beispiel 22:

Der Lebensumstand Einsamkeit kann nicht nur durch Trauer und Verlust entstehen. Er kann entstehen aus vielerlei Möglichkeiten: Im Job, in der Ehe, in der Familie, im Freundeskreis, überall. Man fühlt sich verraten, beleidigt, gedemütigt, zieht sich zurück, weil einem das als das Beste erscheint. So entsteht Einsamkeit. Einsam sein ist ein sehr schmerzlicher Zustand. Man kann hierdurch noch schwächer werden und dann passiert das, was eigentlich keiner von uns will: Wir brechen in uns zusammen. Wieder wäre hier die Liebe gefragt. Menschlichkeit, kein Druck, nur Liebe. Das würde helfen. Doch auch hier ist es meistens so, dass von außen der Druck kommt. Sätze wie: „Du musst mehr unter Menschen gehen", hat vielleicht jeder von uns schon einmal gehört. Aber wie ist das, wenn man unter Menschen geht? Sind diese liebevoll oder setzen diese einem noch mehr zu? Ob gutgemeinte Worte immer gut sind, sei dahingestellt. Liebe wäre wieder ein guter Begleiter und liebevolle Handlungen ebenfalls. Glaube, Hoffnung, Liebe, wie eingangs im Buch bereits erwähnt, zählen hier: Der Glaube an sich selbst, die Hoffnung auf Besserung und die Liebe in sich und von anderen.

Beispiel 23:

Der Lebensumstand der Treue ist etwas, was der Mensch mit auf den Weg bekommen hat, als er geboren wurde. Treue zu sich selbst, Treue als Liebende, Treue im Umgang mit den Menschen, die einen gut begleiten. Doch die Treue hat mit der Zeit den falschen Weg eingeschlagen und so gibt es hier einige Beispiele, die zu nennen sind.

Treu sollte das Kind seinen Eltern folgen, aber viele Eltern wissen selbst nicht, was treu sein heißt. Treu sein bedeutet: Sich und andere gut behandeln, den anderen respektieren und Liebe schenken. Treu ist man in einer Beziehung, wenn man den anderen nicht betrügt. Treu ist man in einer Freundschaft, wenn man den Freund nicht verrät. Treu ist man zu anderen, wenn man sie respektiert und die Treue zu sich selbst, die zeigt man, wenn man nicht das tut, was andere gewollt haben, sondern seiner eigenen guten Intuition folgt. Treue kann man geben in Gesten, wie zum Beispiel der Umarmung. Hat man einen Fehler gemacht und hat den Mut, diesen einzugestehen, ist das Treue. Liebevoll sein und mit anderen liebevoll umgehen. So kann man mit Liebe und Treue viel Gutes tun und wer Gutes tut, dem wird Gutes getan.

Beispiel 24:

Der Umstand der Armut. Nicht jeder von uns hat das Glück gepachtet. Glaubt man so Manchem, dann ist man nur etwas wert, wenn man Geld hat. Aber dieser Reichtum Geld kann ebenfalls eine Armut bedeuten, denn nicht alle Reichen haben das Herz auf dem rechten Fleck. Wer arm ist, ist nicht gleich sozial schwach, denn es ist ein Lebensumstand, den jeder von uns einmal erreichen kann. Wer an Geld reich ist kann jedoch aus den verschiedensten Gründen arm werden. Der Mensch zählt, nicht die Geldbörse. Leider sehen das viele Menschen falsch und so wird immer der, der wenig hat, als sozial schwach angesehen. Dieser Mensch bekommt oftmals von vornherein nicht die gleichen Chancen wie der Reiche. So ist das in der heutigen Gesellschaft. Man ist nicht reich, wenn man sich arm fühlt.

Aber häufig haben diese Menschen mehr Herz. Das muss sicher nicht zwingend sein, dass ein Mensch, der reich ist, gleichzeitig herzlos ist. Keineswegs. Doch oftmals zeigen diese Menschen einem ein Bild von sich selbst, das doch schon sehr daran zweifeln lässt. Es sind eben nur Beispiele und diese müssen nicht auf jeden von uns zutreffen. Aber der Mensch, der arm geboren wurde, bekommt schon deutlich weniger Möglichkeiten, sein Leben zu gestalten, als der reich Geborene. Das war früher so und ist es leider heute noch. Aber Armut ist kein Hindernis für gute Menschen. Reichtum ist nicht verbunden mit herzlos. Man sollte immer wissen, wo die Grenzen liegen.

Als Beispiel darf ein reiches Kind nicht dem armen Kind das Gefühl geben: „Du bist ja unterste Schicht, du bist asozial." Das arme Kind fühlt sich gedemütigt, dem reichen Kind macht es eventuell noch Spaß, weil es das nicht anders kennt. Vielleicht haben die Eltern es ihm zu Hause mit ihrem Verhalten anderen gegenüber so beigebracht. Ob gewollt oder ungewollt, manche gute Tat beginnt schon in der Kindheit und prägt den weiteren Gang im Leben.

Sozial schwach gestellte Menschen haben es schwerer. Oft beginnt dies schon bei der Suche nach einer möglichen Arbeitsstelle. Wer nicht gleich gestylt oder schön daherkommt, wird im Ansatz keine Chance bekommen. Der Umstand Armut kann leider noch ärmer machen, aber die Menschen, die arm geboren wurden oder arm sind, sollten mehr Unterstützung erhalten. Da ist es oft nicht einfach mit einem guten Essen oder der Mildtätigkeit von einem Euro geben getan. Der Mensch braucht Liebe, Geborgenheit und Chancen.

Beispiel 25:

Der Mensch gibt sich dem Umstand der sexuellen Handlung ohne Liebe hin. Wie oft hört oder liest man von einem One-Night-Stand. Mit Liebe hat das sehr wenig zu tun. Vielleicht mit Eigenliebe, weil man dort sein Ventil einmal öffnen kann. Aufgestaute Emotionen, Aggressionen, wie auch immer, können hier abgebaut werden. Das Gefühl der wirklichen Liebe ist hier wohl nicht gegeben. Aber da gibt es den Umstand der sexuellen Lust, die einen befreit. Befreit vom Alltag. Befreit von Lieblosigkeit, der man vielleicht sonst auf dem Weg begegnet. Man geht hier aber aus Liebe einen falschen Weg, denn es ist keine wahre Liebe, die sich im tiefsten Inneren wahrscheinlich jeder wünscht. Wer meint, dass das gut für ihn ist, der sollte es tun. Aber dann nur mit einem Menschen, der genauso gepolt ist, wie er. Der Mensch, der vielleicht, wenn auch nur für eine Nacht, plötzlich Liebe für diesen angeblichen nur One-Night-Stand hat oder bekommt, wird wieder verletzt werden. Wieder entsteht die große Enttäuschung, die verletzbare Seite am Menschen. Der Mensch, der von vornherein diese sexuelle Handlung nur als einmalig ohne Gefühl sieht, wird gelassen darüber hinweggehen. Aber der Mensch, der plötzlich Liebe empfindet, der wird traurig und verletzt zurückbleiben.

Beispiel 26:

Der Umstand der enttäuschten Liebe. Hier gibt es ganz sicher zahlreiche Beispiele: Enttäuscht, weil der andere nur mit einem gespielt hat. Enttäuscht, weil man Liebe einseitig gegeben hat. Aber auch enttäuscht von Eltern, Geschwistern, Freunden, weil man sie liebt und sich etwas ergeben hat, das einen verletzt. Oder das Beispiel: Ein Mann schläft mit einer Frau aus sexueller Lust. Er kennt sie kaum, doch sie hat ihn schon lange begehrt. Sie lässt sich auf eine Nacht mit ihm ein und verliebt sich in ihn. Am nächsten Morgen geht er, sie bleibt zurück. Nie wieder hört sie etwas von diesem Mann und ist enttäuscht.

Ein weiteres Beispiel (Nr. 27) der enttäuschten Liebe hat vielleicht schon jeder von uns einmal erlebt. Man liebt nicht nur einen Mann oder eine Frau. Es gibt viele verschiedene Arten von Liebe, die nichts mit Sex zu tun haben. Eine Freundin kann auch eine Freundin lieben ohne dabei lesbisch zu sein. Ein Mann kann einen Mann lieben ohne schwul zu sein. Die Freundin hat über die andere Freundin geredet, dann kommt die Enttäuschung, weil man ihr vertraut hat. Oder die Schwester hat ihrem Bruder etwas erzählt, das ein Geheimnis bleiben sollte zwischen ihnen. Er plaudert es ohne großes Nachzudenken aus, dann entsteht oft eine Situation, die man vermeiden wollte und von seinem Bruder ist man enttäuscht. Es wird noch mehrere Beispiele für enttäuschte Liebe geben. Sich allem hinzugeben, wenn man aus Liebe etwas tut, ist gut möglich. Jedoch sollte man nie vergessen, dass man andere mit seinem Verhalten verletzen und enttäuschen könnte.

Beispiel 28:

Es ist die Reue ein Lebensumstand. Entweder man bereut etwas, was man getan hat oder man geht darüber hinweg. So kann man Fehler eingestehen oder es lassen. Fehler macht jeder von uns. Aber diese einzugestehen, sich selbst und auch anderen gegenüber, das ist oft ein harter Prozess. Die Reue ist allerdings ein Zeichen, das man erkennt, wenn etwas falsch gelaufen ist, man falsch gehandelt hat. Zum Beispiel, wenn man andere beschuldigt, etwas getan zu haben. Später stellt sich heraus, dass es ein Fehler war, denjenigen zu beschuldigen. Da zeigt sich, ob man einen Fehler einsieht und sogar denjenigen, den man der Lüge bezichtigt hat, um Verzeihung bittet. Viele interpretieren zu viel hinein in den Umstand Reue, denn sie glauben, sich selbst aufzugeben oder vor anderen als Versager dazustehen, wenn sie Reue zeigen. Die Angst, selbst zu versagen, ist oft ein Hinderungsgrund, um Reue zu zeigen. Aber die Reue ist ein großmütiges Zeichen. Der Umstand der Reue ist kein negatives Verhalten, aber die Denunzierung des anderen ist es.

Der Mensch hat nicht nur mit Lebensumständen zu kämpfen, sondern leidet auch in bestimmten Situationen, die das Leben mit sich bringt. Man leidet als Mensch wegen dem Verlust geliebter Menschen oder geliebter Tiere, einer verlorenen Liebe, einer lieblosen Umwelt, das heißt, wenn man von lieblosen Wesen umgeben ist.

Es gibt hierzu verschiedene Beispiele:

Beispiel 1 :

Ein geliebter Mensch stirbt. Man hat alles mit ihm geteilt. Nun ist dieser Mensch aus der Welt geschieden. Mit dem irdischen Körper ist er gegangen, aber es bleibt die Seele am Leben und wandert weiter. Die Seele bleibt dem Liebenden erhalten in Form eines Engels an seiner Seite, den der Mensch spürt oder sogar manches Mal sieht. Keineswegs ist es Verwirrung, wenn man glaubt, den bereits toten Menschen gespürt oder gesehen zu haben. Das ist Realität, nicht Spinnerei oder Wunschgedanke. Mit der Seele geht der Verstorbene zu seinem geliebten Menschen und steht ihm bei. Voller Liebe, auch wenn der ihm gegebene Körper in der Erde liegt. Das glaubt sicher nicht jeder und es klingt merkwürdig, aber es ist gewiss so. „Dies ist absolut korrekt", kam sofort die Antwort meiner Engel.

Beispiel 2:

Geliebte Tiere, die von uns gehen, sind genauso als Engel bei uns. Das werden ganz sicher wenige von uns Menschen glauben. Es ist aber die Wahrheit. Tiere sind Lebewesen, die zu uns gehören und auch als Engel existieren. Das weiß ich selbst nur allzu gut. Meine beiden über alles geliebten Kater David und Dennis sind bei mir und das nicht nur in meinem Herzen. „Ja, es ist so", kam hier ebenfalls die Antwort meiner mich begleitenden Engel, wozu meine beiden Lieblinge gehören.

Beispiel 3:

Das Leid, das einem durch andere zugefügt wird, sei es durch Worte oder Taten, ist ein grausamer Lebensumstand und kann in den verschiedensten Situationen erlebt werden. Egal wie, der angegriffene Mensch leidet, auch wenn er behauptet, dass ihn das nicht berührt. Es berührt alle. Derjenige, der beleidigt, schlägt oder sogar zu anderen Mitteln greift, ist bösartig. Demjenigen, dem Böses widerfährt, ist der Leidende. Der andere, der glaubt, dass er demjenigen nur Leid zufügt, weil dieser es „verdient" hat, ist die Grausamkeit in Person.

Beispiel 4:

Ein Mann geht eine Beziehung zu einer Frau ein, die er für oberflächlich hält. Doch sie gibt ihm viel in finanzieller Hinsicht. Er liebt eigentlich schon lange eine andere Frau, aber diese lebt in Armut. Dieser Mann kommt aus angeblich guten Verhältnissen. Alles muss attraktiv und teuer sein. So auch ein Leben mit einer Frau. Nun kommt er in eine Situation, wo er seine Ehefrau einem Geschäftspartner vorstellt. Dieser Geschäftspartner findet Gefallen an der Frau und demütigt öffentlich den Mann, da er dessen Frau umarmt und küsst, wenn andere daneben stehen. Die Ehefrau findet das alles ganz amüsant, denn sie ist wirklich ein oberflächlicher Mensch. Liebe ist ihr fremd. Sie heiratete den Ehemann nur, weil er gut aussieht und man sich mit ihm zeigen kann. Mit Liebe hat das gar nichts zu tun. Der Ehemann, der eigentlich wissen musste, worauf er sich bei der Eheschließung mit ihr eingelassen hat, leidet nun. Er hat einen Fehler gemacht, das weiß er. Nur hat er den Mut aus sich herauszugehen und sich doch dem liebevollen Wesen, der anderen Frau, die er wirklich liebt, zuzuwenden? Es wird sich zeigen, ob er den Mut hat und die Liebe siegt.

Beispiel 5:

Eine Frau geht seltsame Wege. Sie „eckt" überall an, wo sie nur kann. Aus ihr ist mit der Zeit ein einsamer und verbitterter Mensch geworden, da Einiges in ihrem Leben schiefgelaufen ist. Mürrisch geht sie durch die Welt. Ständig ist sie aggressiv und macht andere für ihre Lebensumstände verantwortlich. Da lernt sie auf Umwegen ein kleines Mädchen kennen, das die Frau mitten ins Herz trifft. Sie empfindet plötzlich etwas. Kann das Liebe sein? Doch sie will sich dies nicht eingestehen. Das kleine Wesen erreicht ihr Herz wirklich und sie findet heraus, dass die Kleine ein Waisenkind ist. Nun steht die Frau jeden Tag vor dem Tor des Waisenhauses und beobachtet das Mädchen. Auf einmal bemerkt sie, wie man die Kleine schlecht behandelt und sie entschließt sich kurzerhand, das Mädchen aus dieser Situation zu befreien. Sie kann nicht mit ansehen, wie das kleine Wesen leidet. Plötzlich zählen all die Aggressionen, die sich über Jahre hinweg in ihr aufgestaut hatten, nicht mehr. Das Kind muss gerettet werden. Dies ist der einzige Gedanke, den sie hat. Sie wirft „alles über Bord", was bis dahin ihre Lebensumstände geprägt hat, geht in das Waisenhaus, adoptiert die Kleine und führt ein liebevolles Leben mit ihr.
So kann Liebe sein.

Nun gibt es aber auch noch schöne Dinge im Leben, wie zum Beispiel die wirkliche Liebe. Liebe, die von Herzen kommt und Gutes bringt. Beispiele hierfür gibt es viele, sie einzeln aufzuzählen, wird den Rahmen sicher sprengen. Die Liebe von Mensch zu Mensch, Mensch zu Tier, Tier zu Mensch. Alles ist vollkommen und rein, wenn es aus dem Innersten heraus geschieht und mit guter Absicht getan wird.

Den Alltag eines jeden von uns bestimmen die Eigenschaften eines Wesens. Man trifft Menschen mit verschiedenen Charakteren, wie wir hier anhand von weiteren Beispielen lesen werden. Die Eigenschaft der Liebe, des Hasses, der Hassliebe, der Eifersucht, der Habgier, der Machtgier, der Sehnsucht, der Grausamkeit und noch viele mehr.

Beispiele für die Liebe haben wir ja schon gelesen, aber leider gibt es auch die Beispiele des Hasses:

Beispiel 1:

Ein Mann trifft eine Frau. Sie ist nett, attraktiv und es gefällt ihm ihre liebevolle Art. Da kommt plötzlich ein anderer ins Spiel, der diese Frau ebenfalls begehrt. Mit Geschick manipuliert er diese Frau und sie gibt die Liebe zu dem ersten Mann auf. Später findet sie heraus, dass der zweite Mann aus Hass gegenüber dem anderen Mann Intrigen gesponnen hat. Intrigen, die soweit gingen, dass er aus Hass den ersten Mann sogar umbringen wollte, nur, um an seine Ziele zu kommen. Der erste Mann konnte sich retten, doch die Frau wurde unglücklich, denn niemals mehr hörte sie von diesem Mann etwas, da der zweite Mann seine Manipulation so geschickt angesetzt hatte, dass sie dem ersten Mann keine Chance mehr gab.

Beispiel 2:

Zwei Schwestern lieben denselben Mann. Wir nennen die Schwestern Lisa und Marie. Lisa verliebt sich in Arne, einen jungen Künstler. Marie sieht diesen Mann und kann es nicht fassen. Genau er steht vor ihr, den sie so sehr für seine Kunst liebt. Seine Malerei fasziniert sie und er ist auf Erfolgskurs. Auf ihre Schwester Lisa ist sie eifersüchtig, da sie an der Seite des Malers stehen will. Sie intrigiert und sagt ihm, dass Lisa mit einem anderen Mann liiert sei. Arne glaubt ihr nicht. Da stellt sie geschickt eine Situation her und engagiert einen Mann für ihre Zwecke. Marie bestellt Arne und Lisa an einen Ort, wo sie auch diesen gekauften Mann hinkommen lässt. Es ergibt sich eine Situation, in der Arne glauben muss, dass dieser Mann der Verlobte von Lisa sei. Enttäuscht verlässt er die Stadt. Marie weiß, wo er ist und folgt ihm. Glanzvolle Erfolge feiert Arne als Künstler und Marie ist stets an seiner Seite. Lisa sitzt einsam am Ufer eines Flusses und erinnert sich an die Liebe zu Arne. Marie gefällt es, in der High Society zu leben und die Frau eines berühmten Malers zu sein. Ihre Liebe zu Arne jedoch gab es gar nicht, denn sie hatte die Eigenschaft, eine habgierige Frau zu sein, die sogar betrogen hat, um die eigene Schwester auszubooten.

Beispiel 3:

Eifersucht. Dies ist eine besonders hartnäckige Eigenschaft von uns Menschen. Wir werden aus den verschiedensten Gründen eifersüchtig und sei es nur auf einen Schirm, den die Freundin sich gekauft hat. Doch leider gibt es viele Beispiele, wie Menschen aus Eifersucht rachsüchtig werden und zu unlauteren Mitteln greifen. Als Beispiel nehmen wir hier einen Mann, der auf den Erfolg seines Kollegen eifersüchtig ist. Sein Ziel ist es, diesen Mann fertig zu machen und seine Position in der Firma auszuweiten. Fehler schleichen sich plötzlich bei seinem Konkurrenten ein. Mit vollem Elan fälscht der Eifersüchtige Berichte und Zahlen. Er tut alles, um an die Machtposition des Chefs zu gelangen. Hier ist aber nicht nur Eifersucht im Spiel, sondern auch Rachsucht, Habgier und Machtbegehren.

Beispiel 4:

Ein Mann glaubt an die Liebe seiner Frau. Diese hat ihn zwar aus Liebe seinerzeit geheiratet, aber sie ist sexuell einem anderen Mann verfallen. Immer öfter ist sie nicht mehr zu Hause, sondern unterwegs. Bei ihrem Geliebten lässt sie alles heraus, wovon sie in den kühnsten Träumen gelebt hat. Ihr Verhalten ändert sich und ihr Mann wird wachsam. Nun kontrolliert er alles, ihre Tasche, ihr Handy, jeden Schritt seiner Frau versucht er nachzuverfolgen. Eifersüchtig plant er dem anderen Mann zu schaden. So kann das seiner Meinung nach nicht weitergehen. Statt zu reden, werden die Eheleute ablehnend einander gegenüber. Keiner will eingestehen, Fehler zu machen, denn jeder fühlt sich im Recht. Sicher ist hier zu verstehen, dass es keinem gefällt, wenn der Partner einen betrügt, gibt aber keinem das Recht, so sehr zu kontrollieren, dass er den anderen förmlich in die Arme des Geliebten treibt. Es gibt einen schönen Spruch: Eifersucht ist eine Zier, doch weiter kommt man ohne ihr.

Das Beispiel der Eigenschaft: Mut.

Viele Menschen haben nicht den Mut einfach „nein" zu sagen, denn nicht jeder kann es. Nein sagen ist nicht nur ein Schutz vor dem Willen anderer, sondern manchmal vor dem Hintergrund des Missbrauchs. Nun kann Missbrauch ein sehr vielfältiger Begriff sein, denn es gibt den Missbrauch als Sucht, als Tat, als Energieverlust durch anderer Willen. Diese verschiedenen Arten des Missbrauchs sind unerklärlich. Eine Macht des Bösen. Leider kommt die Macht des Bösen in allen Bereichen vor. Einige Beispiele dieser Art werden uns diese menschliche Eigenschaft näherbringen.

Beispiel 1:

Missbrauch durch das Suchtmittel Alkohol. Ein Mann verliert seine Arbeit, glaubt, nichts mehr wert zu sein. So flüchtet er sich in den Alkoholkonsum, um zu vergessen. Mehr und mehr spürt er nichts. Auch nicht, wie der Alkohol ihn zerfrisst und genau gegensätzlich sein Leben steuert. Er wollte vergessen, trank mehr, als er ursprünglich wollte, hat keine Kontrolle über das energieraubende Mittel Alkohol und verfällt in die Sucht. Alkohol wird missbraucht, um die Sorgen des Alltags zu betäuben. Jedoch ist dies keine Lösung der Probleme. Es schafft nur noch mehr davon. Man hilft hier weder sich noch den anderen. Denn wird es zur Sucht, dann leiden auch die Menschen, die einem nahestehen.

Beispiel 2:

Ein junges Mädchen möchte so sein, wie alle anderen Mitschülerinnen. Sie freundet sich mit einer Gruppe Mädchen an, obwohl sie dort nur Mittel zum Zweck ist. In einem reichen Haus aufgewachsen, hat sie das Geld, das die anderen Mitschülerinnen brauchen, um sich als Beispiel Drogen oder andere Rauschmittel zu kaufen.

Niemand beachtet das Mädchen mehr, das so sehr eine Freundschaft mit den anderen wünschte, wenn es kein Geld mehr gibt. Hier wird nicht nur das Mädchen missbraucht, sondern die anderen missbrauchen sich selbst, da diese Rauschmittel ihnen nur für gewisse Zeit ein „erhebendes" Gefühl bringen. Rauschmittel sind die Ersatzliebe, die am Anfang des Buches schon oft diktiert wurde, aber sie sind keine Lösung.

Beispiel 3:

Ein Mann trägt seine Frau auf Händen. Sie will nur seinen glücklichen Status des Reichtums haben. Oft schon gelesen und gehört, aber auch das ist ein Missbrauch. Nicht nur der Mann wird seelisch und finanziell missbraucht, seine Frau missbraucht sich selbst, ohne es zu bemerken oder bemerken zu wollen. Sie „verkauft" sich selbst, um eine Frau „von Welt" zu sein.

Beispiel 4:

Alle Missbräuche, die aus Habgier geschehen: Das können Geld, Macht, Einfluss sein. Einfluss zu haben ist gut, aber ihn zu missbrauchen, ist wieder nur Eigennutz. Benutzt man Einfluss, um Gutes zu tun, ist das vorbildlich. Geht man mit dieser Macht des Einflusses aber soweit, um nur seine eigenen Ziele zu erreichen, ist das ein Missbrauch der Handlungsmöglichkeit, die man nun einmal durch gewissen Einfluss hat.

Menschen, die aus Habgier handeln, missbrauchen andere Menschen. Egal, ob aus Neid, aus Eifersucht, aus Habgier. Jeder Missbrauch eines Teils der Welt ist böser Natur.

Etliche Male versuchen Menschen, den anderen zu benutzen, was ein Missbrauch ist. Missbrauch in dem Sinne, dass die Menschen benutzt werden für die bösartigen Zwecke anderer Menschen.

„Alle Menschen sind Opfer in irgendeiner Form. Sei es der schlimmste Mensch, der durch seine bösartigen Taten anderen Schaden zufügt. Auch dieser Mensch ist ein Opfer der bösen Mächte, die es nun leider gibt", beschrieben es mir meine Engel. Mit der menschlichen Vorstellungskraft ist das oft schwer nachzuvollziehen, aber überall gibt es gute und schlechte Energien. Alles hat mit Energie zu tun, denn die Welt besteht aus Energien, ob dunkle oder helle. Nun geht jeder anders um mit diesen Polen der Energie und auf jeden wirken sie anders. Da entstehen Machtverhältnisse, die mit der menschlichen Kraft der Vorstellung kaum zu glauben sind. Aber das muss es auch nicht. Man muss nur in sich hineingehen, nachdenken und das menschliche Gehirn arbeiten lassen, dann kann man dazu kommen, was real ist.

Alle Menschen verfügen über einen sehr guten Energiefluss, wenn sie Ruhe in sich tragen. Gehetzt vom Alltag kann mancher nicht von einer Sekunde auf die andere klar denken. Wie soll er dann die Welt verstehen?

Beispiel 1:

Der Mensch als Opfer. Ein Mann ist eifersüchtig, glaubt, dafür einen Grund zu haben. Er sieht sich als Opfer, doch er ist es gar nicht. Eifersucht treibt ihn zur Verleumdung und Denunzierung der anderen Person.

Die Taten gehen soweit, dass er es durch bösartigen Einsatz schafft, dem anderen derartig zu schaden, dass diese Person zum Opfer wird. Nun scheint der Mann seine Genugtuung zu finden, in dem er sein Opfer „ausgeschaltet" hat. Aber er macht nicht nur dieses arme Wesen, das gar nichts davon weiß, zum Opfer, sondern auch sich selbst. Denn er ist ein armseliges Wesen, scheint die Wege falsch zu verstehen und macht andere dafür verantwortlich. Aus Eifersucht anderen etwas Schlimmes zuzufügen ist nicht nur armselig, es ist auch die Machtausübung, die Schaden bringt. Menschen, die zu so etwas fähig sind, werden den Weg zu Gott nur schwerlich finden, obwohl Gott alle Menschen liebt. So steht es jedenfalls in der Bibel geschrieben.

Beispiel 2:

Opferhaltung gibt den Menschen, die schwach sind, noch mehr Demütigung, als sie es von anderen Mitmenschen schon erfahren. Man fühlt sich gedemütigt, aber statt sich zu wehren, lässt man andere gewähren. Mehrere Male schlagen die Menschen, die böse Absichten haben, auf ihr Opfer ein. Egal, ob bildlich oder sinnbildlich. Ob sie tatsächlich schlagen oder es mit Worten tun, sich auf Kosten anderer die Lust am Erleben der Stärke auszutragen, ist mehr als niederträchtig. Es ist grausam. Der geplagte Mensch bricht nicht nur äußerlich, sondern auch innerlich zusammen. Mehr und mehr entsteht die Opferhaltung. Das arme Wesen geht auf der Spur des Opfers weiter, weil es gedrückt wird von der Seelenpein, die es erfahren hat.

Beispiel 3:

Ein Mann geht den Weg der Habgier. Er betrügt andere Menschen und sieht nur seinen eigenen Vorteil, um sich ein schönes Leben zu machen. Andere sind ihm egal, selbst seine Geschäftspartner, die er über seine Machenschaften im Unklaren lässt. Dieser Mann glaubt, alle betrügen zu können, denkt, dass merkt keiner so schnell und bevor es alle erkennen, geht er außer Landes und lebt glücklich mit seinem aus Habgier gestohlenen Geld in Saus und Braus. Doch es fällt früher auf, als gedacht und er zieht andere, die unschuldig sind, mit hinein. Opfer sind dann nicht nur die Menschen, die er betrogen hat, nein, Opfer sind auch die unschuldig an der Sache Beteiligten, die dafür büßen, was er getan hat. Aber diese habgierige Person ist ebenfalls ein Opfer seines eigenen Versuchs der Betrügerei geworden, denn es klappte nicht so, wie er sich das vorstellte. Nun büßt er dafür. Man stellt ihn vor Gericht und er erhält eine Strafe für sein Tun. Seine Absicht, ein schönes Leben zu führen, hat er sich selbst genommen.

Beispiel 4:

Eine Frau geht auf eine Schule, um sich im Berufsleben weiter zu bilden. Doch es macht ihr keinen Spaß. Sie macht dies nur, weil die Herren aus der Chefetage sie dazu trieben einmal etwas Sinnvolles für sich und die Firma zu tun. Sie willigt ein, um sich nicht erklären zu müssen, was sie eigentlich will. So geht sie Abend für Abend nach der Arbeit, die ihr keinen Sinn im Leben gibt, dorthin, wo sie etwas „Gescheites" lernen soll. Aber sie langweilt sich, der Magen drückt, sie bekommt gesundheitliche Probleme, denn sie ist ein Opfer. Diese

Frau wird gedrängt, etwas zu tun, was sie gar nicht will. Das ist eine Opferstellung. Doch sie alleine ist nicht nur Opfer. Die Chefs, die sie dazu drängten, werden auch Opfer sein, denn sie macht es nicht gut genug für sie. So gerät sie nun doch in Erklärungsnot, gibt irgendwann auf oder schafft die zu bestehenden Tests der Schule nicht. Zurück bleiben genervte und enttäuschte Arbeitgeber und ein krankes Wesen, das eigentlich nur das tat, was andere von ihr verlangten.

Beispiel 5:

Eine Frau gibt sich als guter Mensch aus, um sich die Freundschaft einer anderen Frau zu erschleichen. Sie gibt vor, es gut mit ihr zu meinen, um sich bei ihr einzuschmeicheln. Doch sie will eigentlich nicht deren Freundschaft, sondern nur Informationen über eine dritte Person oder wegen eines beruflichen Kontakts. Ausspionieren könnte man das nennen. Egal, ob im privaten oder beruflichen Bereich, diese Frau will nur alles wissen, was sie für sich verwenden kann. So kann sie die Kollegin besser ausbooten oder eventuell einer anderen Person schaden. Dies passiert leider häufig, doch nicht nur die ausgefragte und benutzte Person ist ein Opfer. Diejenige, die das alles wissen will, kann ebenfalls Opfer sein, denn es werden nicht immer alle gewünschten Informationen fließen. Nun kann sie nicht schalten und walten, wie es ihr gefallen hätte. Das ist abhängig von der ausgefragten Person, wie weit sie bereit ist, Auskünfte zu geben. Hinzu kommt, wie früh sie die Situation erkennt...

Der Hass der Menschen geht oft so weit, dass sie anderen sehr schaden, sie sogar töten wollen oder tun, was keines der Gebote Gottes widerspiegelt, denn es heißt in der Bibel: „Du sollst nicht töten." Doch wie kann der Hass einen so weit treiben?

Beispiel 1:

Ein Mann ist eifersüchtig aus Habgier, dass ein anderer mehr hat als er, wo er doch glaubt, dass nur ihm dieses Glück zustehe. Er nimmt sich nur das, was ihm gehören soll. So denkt er. Bei seinem Vorhaben wird dieser Mann erwischt. Nun kennt der andere sein Gesicht, vielleicht sogar seinen Namen. Das darf nicht sein, so schießt es dem habgierigen Mann in den Kopf. Sekundenschnell wird er zum Mörder. Er weiß gar nicht mehr, woher dieser Sinneswandel kommt, aber er beging eine Tat, die nie wieder gutzumachen ist. Niemals. Nicht nur zum Dieb wurde er, sondern auch zum Mörder und das nur, weil er etwas haben wollte. Der Hass wurde zu seinem Feind. Er geht so weit, dass Unschuldige darunter leiden müssen. Neid, Habgier, Hass. So viele negative Energien auf einmal lassen einen vielleicht sonst gutmütigen Menschen sogar töten. Diese Macht des Bösen ist leider oft in der Welt verbreitet und kann nur wegfallen, wenn die Menschen aufhören, das haben zu wollen, was ein anderer besitzt. Natürlich gibt es viele arme Menschen, die gerne mehr haben wollen, was sehr gut zu verstehen ist. Aber kann das niemals so weit gehen, dass der Mensch dafür tötet.

Beispiel 2:

Liebe wird zu Hass. Eine Frau liebte ihren Mann. Er ging fremd, obwohl er beteuerte, sie zu lieben. Ein sehr klassisches Beispiel, das leider immer wieder vorkommt. Die einstige Liebe der Frau, sie ging vorbei. Sie wurde eifersüchtig, neidisch und hasserfüllt. Eifersüchtig auf die Frau, die von ihrem Mann begehrt wurde. Neidisch aus demselben Grund und hasserfüllt, weil es so nach ihrer Meinung nicht geht. Er und diese andere Frau sollten büßen. Sicher kann man gut verstehen, dass es diese Frau sehr getroffen hat, als sie vom Fremdgehen ihres Mannes erfuhr. Es ist auch in diesem Falle nachzuvollziehen, dass sie eifersüchtig und neidisch war, schließlich liebte sie ihren Mann und das seine Liebe oder vielleicht nur der Sex mit ihm, eine andere spüren sollte, konnte sie nicht mehr verkraften. So fasste sie den Entschluss, beide umzubringen. Sie sollten leiden, wie sie es tat. Jedoch ist dies keineswegs die Lösung ihrer Probleme, denn sie tötete nicht nur zwei Menschen, sie tötete sich selbst oder geht dafür lebenslang ins Gefängnis. Damit ist Niemandem geholfen. Egal, ob sie nun selbst tot ist oder im Gefängnis sitzt. Sie hat sich selbst keinen Gefallen damit getan und leidet mehr, als sie es getan hätte, wenn sie die Situation anders genommen und ein neues Leben begonnen hätte.

Ihr hasserfülltes Handeln ist ein nie wieder gutzumachender Akt der Gewalt und einer gewissen Machtausübung für eine Weile, die allerdings sinnlos ist. Sinnlos, weil sie nicht das Leid ertragen kann, denn sie wird nicht mehr glücklich werden. Hätte sie dem Leben eine Chance gegeben, hätten sich große Veränderungen ergeben, aber sie wäre wahrscheinlich auf eine andere Weise noch einmal glücklich geworden und hätte nicht über das Leben anderer bestimmt, denn das Leben ist kostbar. „Wer es zerstört, wird daran zugrunde gehen", so beschrieben es mir meine Engel in diesem Diktat.

Beispiel 3:

Ein Mann will alles haben und geht so weit, dass er andere so stark beeinflusst, dass er nur noch sich selbst sieht. Gehen nicht alle auf die Wünsche dieses Menschen ein, der eigentlich nur einsam ist, so hasst er alles und jeden. Er macht alles und jeden dafür verantwortlich, wenn es nicht so läuft, wie er es bestimmen will. Sein Leben ist so voller Hass, dass er andere geschickt manipuliert, um andere ins Unglück zu stürzen. Nun schürt er alle Möglichkeiten, die er hat, damit sich sogar Liebende streiten oder gar trennen. „Hass ist ein sehr guter Begleiter des Bösen, aber kein gutes Werk. Hass ist bösartig und die Menschen sollten lernen, zu lieben", schrieben mir meine Engel. Ja, das ist richtig. Wie viele Kriege könnten gelungen wegbleiben, wenn die Menschen aufhören würden, anderen die Schuld zu geben für etwas, was sie nicht besitzen? Es gibt verschiedene Gründe, warum man etwas nicht haben kann. Aber muss man alles haben? Nein.

Es gibt noch einige Beispiele für den Hass, denn der Hass ist der lange Weg eines Menschen, der sich selbst und andere nicht achtet.

Dabei verliert sich dieser Mensch oft in seinem eigenen Ich, macht alle anderen für das Nichtgelingen in seinem Leben verantwortlich und will Gerechtigkeit, seine Art Gerechtigkeit.

Beispiel 4:

Ein Mann geht auf seinen Kollegen zu. Der stößt ihn weg und will die Freundschaft nicht. Der erste Mann, der die Freundschaft wollte, ist verärgert und will den zweiten Mann denunzieren und verletzen, weil er ihm nicht gab, was er wollte. Nun lässt er keine Gelegenheit aus, um auf ihn und seine Schwächen aufmerksam zu machen, sei es beruflich oder persönlich. Ständig kreist in seinem Kopf der Gedanke: „Was kann ich tun? Ich will ihn fertig machen." Tolle Gerechtigkeit.

Beispiel 5:

Eine Frau ist auf ihre Nebenbuhlerin, egal, ob diese nun ihre Kollegin, Freundin oder Geliebte ihres Mannes ist, eifersüchtig. Sie lässt die andere Frau ebenfalls vor anderen dumm dastehen und lästert über sie. Den anderen Mitmenschen will sie zeigen, dass nur sie die Perfekte ist. Auch sie lässt keine Gelegenheit aus, um der anderen zu schaden. Egal wie, sie will die Bessere von beiden sein.

In beiden Fallbeispielen spielt Hass eine Rolle, denn jemandem zu schaden, ob nun beruflich oder persönlich, hat mit Hassgefühlen für den anderen zu tun. Natürlich sollte man sich nicht alles gefallen lassen, was andere einem zufügen, aber zu unlauteren Mitteln zu greifen, um selbst zu gewinnen und für „Gerechtigkeit" gesorgt zu haben, ist wohl der falsche Weg.

Warum nur werden Kriege geführt? Es besteht doch hier Hass gegenüber seinen Feinden. Aber wieso Hass? Wissen manche Menschen von diesen sogenannten „Kämpfern" überhaupt, warum sie den anderen, der ihnen gerade vor die Waffe läuft, erschießen? Wohl kaum. Sie machen ihre „Arbeit“, die ihnen aufgetragen wurde. Doch wer gibt sich das Recht, solche „Befehle“ auszusprechen? Ein Mensch?

Darüber könnte man viele Diskussionen führen, letztendlich bleibt es dabei, dass hier einer dem anderen das Land oder was auch immer, wegnehmen will oder sich das „zurückholt“, was er glaubt, dass es „Seins“ ist. Sicher werden hier Fehler gemacht und könnte vielen unschuldigen Menschen das Leben erhalten, das für sie gedacht war, als sie auf diese Erde kamen. Ein Leben mit Liebe und Geborgenheit. Doch es wurde von einem anderen, der Macht besitzen wollte, Macht ausübte, „Gerechtigkeit“ haben wollte, zerstört.

„Sieht man in die Gesichter der Menschen, die töten, so wird man Hass sehen können“, beschrieben es mir meine Engel. Hass, ein Wort, das ja eigentlich nur klitzekleine vier Buchstaben hat, aber so viel anrichten kann. Unfassbar. Doch die Menschheit wird seit Jahrhunderten von Hass, Neid, Eifersucht, Gerechtigkeit suchend, unerfüllter Liebe, unerfüllter Wünsche, was für Menschen wichtig zu sein scheint, geplagt. Alles könnte viel friedlicher sein.

Das Leben bringt häufig die Welt eines jeden Menschen ins Wanken. Sei es durch den Hass eines anderen oder durch die Hetzereien, Lästereien, die andere gegen einen Menschen entwickeln und ausüben können. So seien hier nachstehend nur ein paar Beispiele hierzu aufgeführt:

Beispiel 1:

Eine Kollegin will die Position ihres Kollegen haben. Schon lange möchte sie seinen Job, doch er scheint fest im Sattel zu sitzen, wie man das so nennt. Da schafft sie eine Position ihrer Sinnlichkeit und macht ihm „schöne Augen". Sie zieht sich aufreizend an, spielt mit den Reizen einer Frau. Das macht ihn in seiner Männlichkeit an und er verfällt ihr. Diese Frau benutzt es, um ihm zu schaden, in dem sie nicht nur sagt, dass er sie belästigt, sondern ihm droht, wenn er nicht freiwillig geht und sie als seine Nachfolgerin vorschlägt, wird sie ihn nicht nur in der Firma, sondern auch bei seiner Familie kompromittieren. Eigentlich ist er ein harmloser Familienvater, der durch fleißige Arbeit seine Position in der Firma innehat. In einem schwachen männlichen Moment konnte sie ihn dazu bringen, etwas zu tun, was ihm eigentlich fremd war. Nun übt sie eine Macht aus, der er sich nicht widersetzen kann. Mehr oder weniger freiwillig räumt er das Feld und sie hat scheinbar gewonnen. Doch dass sie nun die Position innehat, die sie sich wünschte und erzwang, muss nicht ihr Glück bedeuten. Ihr Wissen ist weitaus weniger wert als das des Mannes, dem sie ihre vermeintliche Affäre aufzwang und dafür unglücklich machte. Lange konnte sie sich nicht auf der neuen Position halten, denn sie konnte nicht mit jedem so umgehen und es kam, wie es kommen musste. Sie verlor nach kurzer Zeit den Posten und ein anderer, der ihr mehr gewachsen war, bekam diesen Job. Das ist nur ein Beispiel, wo Gerechtigkeit eine Rolle spielt. Leider passiert es noch allzu oft, dass solche Leute die „erkämpfte Position" länger behalten, als es gerecht wäre. Doch man sollte hier die Hoffnung auf Gerechtigkeit niemals aufgeben.

Beispiel 2:

Eine angebliche Freundin stiehlt der anderen ein Halstuch, weil sie glaubt, sie, die andere, hätte genug und das fällt der anderen Frau doch gar nicht auf. Nun findet die andere es aber heraus und die angebliche Freundin will nicht zugeben, dass sie sich etwas nahm, was ihr nicht gehörte. So geht die angebliche Freundin in die Offensive und denunziert die andere Frau, um von ihrem eigenen Fehlverhalten abzulenken. Sie erfindet falsche Zeugnisse und so wird aus der bestohlenen Frau selbst eine angebliche Diebin. So leicht passiert das häufig, wenn andere falsche Aussagen machen und anderen, gutgläubigen Menschen, schaden wollen. Doch wird hoffentlich nicht jeder damit durchkommen. Das wäre schade.

Beispiel 3:

Ein Mann begehrt die Frau seines Freundes. Dieser Freund wird zu seiner Zielscheibe, ob bei Kegelfreunden, am Stammtisch, wo auch immer er diesen Freund trifft. Der Mann, nennen wir ihn hier Markus, wird seinem Freund Schaden zuführen wollen. Nun geht er hin, erfindet wild Geschichten, ob von früheren Zeiten oder jetzt und setzt den Freund ins schlechte Licht. So will er gesehen haben, dass der Mann, der seine Frau liebt, eine andere Frau geküsst hat. Dafür hätte er einige Beweise, die allerdings nur in seiner Phantasie existieren. Markus streut Gerüchte bei seinen Kumpanen so geschickt, dass mindestens einer es seiner Frau erzählt. Die wiederum hält es für ihre Pflicht, die Frau des angeblichen Fremdgängers zu informieren. Dann spielt Markus den Ritter in der Not, umgarnt die Frau seines Freundes, wird ihr Komplimente machen, sie einladen, ihr einfach das Gefühl geben, dass sie noch eine begehrte Frau ist.

Hier entscheidet sich dann, inwieweit die Frau anderen Glauben schenkt oder einfach dem Mann, den sie liebt, vertraut.

Beispiel 4:

Die Kollegen hetzen über eine neue Mitarbeiterin, weil sie vom Chef als loyal und hilfsbereit vorgestellt wird. Neid und Eifersucht keimt in ihnen. Sie kommt in einen Bereich der Firma, der ihr eigentlich nicht liegt, doch sie braucht das monatliche Geld und so wird sie einen Job verrichten, der sie unglücklich macht. Nicht alle Kollegen sehen es. Wenn es jedoch mindestens einer sieht und gezielt diese Frau angreifen will, aus Spaß an der Freude, weil ihm gerade so danach ist, wie auch immer, wird allein diese einzige Person der eigentlich achtsamen Frau schaden können. Macht sie einen Fehler, wird es Lästereien geben. Sie wird noch stärker beeinflusst, weil sie nicht nur den Job nicht mehr richtig macht, sondern durch die ganze Situation gesundheitlich angegriffen ist. Man wird nach und nach Mittel und Wege finden, ihr das Leben sehr schwer zu machen. Mobbing ist der neuzeitliche Ausdruck hierfür. Ob nun Kollegen es geplant haben oder die Situation ihnen selbst entgleitet, man macht einen schwachen Menschen fertig. Immer wieder wird eins zum anderen kommen. Es ist einfacher, einen Geschwächten am Boden liegen zu sehen. Viele haben sogar Spaß daran, das eigene Ich aufzuwerten durch die Tatsache, dass dieser Mensch doch so viele Fehler macht, die man selbst ja niemals machen kann... Hetzerei, Lästerei, egal in welcher Form oder wie, es ist einfach nur die wirkliche Schwachheit, die man benutzt, um sich aufzuwerten und gut dazustehen. Doch das darf nicht sein, denn man kann keinem anderen schaden, um selbst „gut" zu sein. Vielleicht kommt man selbst einmal in „diese Rolle". Dann wird man selbst spüren, wie das ist und es mit Sicherheit nicht mehr lustig finden.

Die Welt eines jeden Menschen dreht sich manchmal nur um sich selbst. Gerne wollen viele alleine „herrschen". Dabei nimmt der Mensch oftmals keinerlei Rücksicht auf Personen, selbst wenn er diese durchaus mit Liebe erfüllt. Diese Menschen werden Egoisten genannt. Denkt der Mensch an sich allein, so verliert er aber meist den Kontakt zu sich selbst, denn egoistisch denkende Menschen sind meist engstirnig, sehen nicht, was links und rechts neben ihnen geschieht. Sie werden so engstirnig, dass sie selbst den Weg verlieren, auf dem es sich zu leben lohnt: Den Weg der Liebe.

Nur ein paar Beispiele zur Erklärung dieses Weges sollten genügen:

Beispiel 1:

Eine Frau will das Sagen haben. Den Menschen, ihren Mann als Beispiel, den sie eigentlich liebt, will sie kontrollieren, delegieren, ihm ständig sagen, was er zu tun und zu lassen hat. Dabei wird es nach und nach immer wieder Situationen geben, in der der Mann, der eigentlich seine Frau aus Liebe geheiratet hat, verletzt wird. Nun nörgelt er ständig, lässt sich gehen. Alles ist ja sowieso nie gut, so wird mit der Zeit sein Gedanke sein. Die einst Liebenden werden vielleicht sich selbst und gar ihre Liebe zueinander verlieren.

Beispiel 2:

Ein Mann geht zu einer Arbeitsstelle, die er nicht mag. Aber seine Frau und seine Kinder muss er ernähren. Er hat Verantwortung für sie übernommen. Doch der tägliche Frust, den er mit nach Hause bringt, lässt er an seinen Lieben aus, ohne es vielleicht zu bemerken. Egoistisch ist das bei ihm nun nicht, aber die Frau, die den ganzen Tag auf ihn wartet, sie wird irgendwann egoistisch sein und ihr Recht als Ehefrau einfordern. Wahrscheinlich ist, dass sie von ihm Rechenschaft für schlechte Laune und Mangel an Liebe haben will. Sie fühlt sich dann zurückgestoßen, wenn er seine Ruhe haben möchte. Dann häufen sich die Probleme. Egoisten um sich herum, auf seiner Arbeitsstelle, seine Frau, die plötzlich egoistisch wirkt. Das wird irgendwann zu viel für diesen Mann. Mit aller Mühe treibt er sich und seine kranke Seele durch den Tag. Mühe gewinnt an Bedeutung und bestimmt sein Leben. So wird dieser Mann in die Enge getrieben, glaubt eventuell nicht mehr an das Gute und vor allem nicht mehr an die Liebe.

Beispiel 3:

Ein Mann wird egoistisch aus Rache, weil ihm etwas zu gehören scheint, was andere haben wollen. Das kann im Job oder in der Liebe sein. Es gibt hier einige Möglichkeiten, nicht nur beim Mann. Auch eine Frau kann egoistisch sein und will alles haben. Aber man kann im Leben nicht alles haben wollen, weil die Welt nicht nur aus einer einzigen Person besteht.

Alle Menschen suchen nach etwas in ihrem Leben, doch ihre Eigenschaften machen es ihnen oft schwer, ihre Ziele zu erreichen. So zählt vor allem die Eigenschaft Ungeduld dazu, dass nicht alles so funktioniert, wie sich viele Menschen alles im Leben vorstellen.

Auch hier seien nur einige Beispiele genannt:

Beispiel 1:

Ein Mann wartet auf seine Beförderung. Lange hat er fleißig darauf hingearbeitet, doch es passiert rein gar nichts und er ist sehr angeschlagen, da er etwas möchte, wofür er gearbeitet hat. Nun wird er ungeduldig, weil die Zeit ihm zu langsam läuft. Er spricht bei seinem Chef, der ihn für die Beförderung in seinem Kopf schon vorgesehen hat, vor. Hastig, mit erhöhtem Tonfall, der dann barsch klingen kann, begibt er sich in das Gespräch. Einem Gespräch, das nun durch seine getriebene Ungeduld anders verlaufen kann, weil er seinen Willen gerade jetzt durchsetzen will. Da kann es passieren, dass er sich so weit aus dem Fenster lehnt, dass der Chef einen anderen Eindruck von ihm und seiner bislang guten Arbeit erhält und seine Meinung noch einmal überdenkt. Nun kommt es darauf an, wie weit der Mitarbeiter sich im Tonfall vergriffen hat oder sich und seine Möglichkeiten mehr oder weniger angepriesen hat. Ob der Chef ihn gut genug kennt, um ihm „diesen Ausrutscher" zu verzeihen oder sogar hingeht und nun einem anderen, vielleicht nicht so fähigen Mann, die ersehnte Beförderung gibt. Es kommt immer darauf an, was gerade der andere denkt, ausführt und wie es vom Gegenüber aufgefasst wird.

Beispiel 2:

Eine Frau ist sehr unglücklich, weil sie wenig Geld hat. Sie spielt in der Lotterie, wünscht sich nichts sehnlicher, als einen hohen Gewinn zu erlangen. Diese Frau möchte gerne so leben, wie sie es früher, als sie noch Geld hatte, konnte. Da wird sie ungeduldig, weil sie sieht, wie andere Leute einfach so Millionen gewinnen und sie nicht. Sie ist ein guter Mensch und dieser Gewinn steht ihr sicher zu, denkt sie sich. In gewisser Weise ist dies richtig, denn gute Menschen gehören immer zu denjenigen, die belohnt werden. Aber die Zeit ist ein wichtiger Faktor, denn die Zeit macht die Menschen gerne ungeduldig.
Würde sie vielleicht nicht ständig diesen Gedanken um sich herumkreisend haben, so würde der Gewinn, wenn sie ihn wirklich wünscht, schneller zu ihr kommen. Un-

geduld ist hier ein schlechter Begleiter. Alles kommt, wie es kommen soll.

Beispiel 3:

Eine Frau möchte sich gerne wieder verlieben. Doch sie hat eine sehr bittere Enttäuschung erfahren. Nicht alle Männer sind gleich, denkt sie. Mit ihren Freundinnen bespricht sie oft dieses Thema. Der Richtige wird schon noch kommen, sagen sie ihr immer tröstend. Aber sie möchte es gerne jetzt. Voller Ungeduld meint sie, dass hinter jedem Mann, der ihr nun begegnet, endlich einmal dieser „Eine" stecken müsste. Das gelingt nicht sofort und sie wartet vergebens. Mit der Zeit, wenn schon eventuell Monate, gar Jahre, verstrichen sind, wird sie von sehr viel Ungeduld geplagt sein. Es muss sofort passieren, was wiederum nicht so einfach ist. Denn die wahre Liebe wird einen erreichen, wenn der Zeitpunkt dafür gekommen ist. Wenn das nicht gleich innerhalb von Tagen, Monaten oder Jahren gelingt, so sollte man einfach warten. Vielleicht geschieht es gerade dann, wenn man nicht permanent daran denkt.

Beispiel 4:

Ein kleiner Junge möchte mit einem Feuerwehrauto spielen. Andere Spielkameraden haben auch solche Spielzeuge, so will er es ebenfalls haben. Er wünscht sich das Auto schon lange, doch keiner kaufte es ihm. Da geht er in einen Spielzeugladen und nimmt sich einfach das Feuerwehrauto, was gerade vor ihm steht. Dieser Junge will es jetzt haben und keiner hat ihn erhört. Natürlich wird er in dieser Situation erwischt und sogar als Dieb abgestempelt. Seine Eltern sind verärgert. Das Feuerwehrauto war für den kommenden Geburtstag eingeplant. Jetzt hat ihr Kind auch noch vor lauter Ungeduld gestohlen. Beschämt verlassen sie den Laden. Der Sohn weint, weil er immer noch kein Auto hat, was er sich so sehnlich wünscht. Enttäuscht sind nun alle und vielleicht wird man ihm nie das geplante Geschenk geben. Aber vielleicht geben seine Eltern ihm das ersehnte Auto, um ihm zu zeigen, dass sie seine Wünsche erhörten, aber der Zeitpunkt, sie ihm zu erfüllen, noch nicht gekommen war.

Menschen sind oft durch die Eigenschaft des Neids beeinflusst. Neidisch zum Beispiel, weil sie die Kaufsucht der anderen auch einmal erleben möchten. Neid, weil Herr X sich einen teuren Wagen leisten kann, den Herr Z gerne selbst hätte. Neid, weil der eine geliebt wird, obwohl man selbst diese Liebe gerne für sich wollte. Und so gibt es Vieles mehr.

Hier gehen wir nur bildlich auf ein paar Beispiele zu dieser Eigenschaft Neid ein:

Beispiel 1:

Martin möchte gerne ein Fahrzeug der gehobenen Klasse fahren und sieht auf einmal, dass sein Freund Harry dieses Auto vor der Haustür parkt. Wie kann er sich das erlauben bei seinem Verdienst? Oder hat er das Auto geschenkt bekommen? In einem Gewinnspiel gewonnen? Es schmerzt ihn sehr, dass nicht er dieser Mann ist, der das tolle Auto sein eigen nennt. Neid kommt auf. Doch Neid kann die Menschen zerfressen und das tut keinem gut. Gönnt man anderen auch etwas, so könnte man sicher selbst befreiter leben, denn man würde seine Seele schonen, wenn man keinen Neid empfindet.

Beispiel 2:

Elena geht in eine Privatschule. Luxuriös, standesgemäß. Aber sie hat keine echten Freunde. In den Ferien lernt sie Eva kennen, ein Mädchen, das nur so voller Lebensfreude strahlt. Eva freundet sich mit Elena an, sie nimmt sie mit nach Hause. Dort spürt Elena, was es heißt, geliebt zu werden. Ihre Eltern kaufen ihr zwar alles, was sie nur annähernd möchte, aber sie schicken sie auf eine Privatschule, wo Liebe fehl am Platz ist. Nun neidet sie die Liebe der Familie, die Eva erleben darf. Da wird sich zeigen, ob Elena trotz ihres Neids die Freundschaft zu Eva wirklich will oder sie eventuell benutzt, ihr sogar Schaden aus Neid zufügt. Es kann aus Neid viel Unrechtes geschehen, aber nimmt der Mensch sich ganz und gar in Liebe auf, so kann das nicht geschehen, auch wenn der andere etwas hat, was man glaubt, haben zu müssen. Liebe ist ein guter Begleiter, Neid ein zerfressbares Unterpfand.

Die Eigenschaft: Macht haben wollen über andere Menschen. Leider ist dies nicht selten. Das hat mit Eigenliebe wenig zu tun, allerdings mit Hass, Neid, Eifersucht, weil man etwas unbedingt will, es nicht hat oder nicht bekommt. Den Druck, den man selbst in sich trägt, gibt man gerne an andere Personen oder Lebewesen weiter. Egal, wer gerade vor einem steht, der wird den Druck abbekommen.

Hier gibt es wirklich viele Beispiele, aber auch hier heben wir zur Darstellung nur ein paar hervor.

Beispiel 1:

Ein Mann ist frustriert, weil er gerne die Liebe einer anderen Frau gewinnen möchte. Doch ein anderer war schneller und die auserkorene Geliebte wird nicht seine sein. Da steht gerade seine Mutter vor ihm und er lässt „Dampf" bei ihr ab. Beschimpft sie mit den Worten: „Du bist alles schuld. Alles in meinem Leben läuft schief, weil du mir zu viel Klammerei mit deiner mütterlichen Fürsorge aufgezwängt hast. Geh`, ich will dich nicht mehr sehen." Nun hat er die Mutter verantwortlich gemacht für die Entscheidung der anderen Frau. Doch mit dieser Entscheidung hat sie nicht das Geringste zu tun. Das ist ein schwerer Fehler. Gutmachen könnte er dies, indem er die Größe hat, sich zu entschuldigen. Es wird sich zeigen, liebt er seine Mutter tatsächlich oder sitzt da im Unterbewusstsein noch mehr. Denn er machte sie für alles verantwortlich, nicht nur für das nicht geliebt werden durch diese andere Frau. Menschen sollten mehr direkt miteinander in Ruhe reden, wenn sie etwas beschäftigt. Aber meistens staut sich alles auf, dann macht man den Fehler und geht soweit, der gegenüberstehenden Person für alles die Schuld zu geben, was im Leben bislang schiefgelaufen ist. Leider passiert das allzu häufig.

Beispiel 2:

Händeringend sucht eine Person einen neuen Job. Sie ist so verzweifelt, dass dieser Mensch anderen die Schuld dafür gibt. Die anderen Menschen können Schuld daran haben, müssen aber nicht zwingend schuldig sein. Doch diese Person denkt, es hätte mit ihrem Aussehen, ihrer Qualifikation, was auch immer, zu tun. Natürlich gibt es bei Vorstellungsgesprächen die Möglichkeit, dass dem potentiellen Arbeitgeber die Schuhe, die Kleidung, die Nase dieses Menschen nicht passt und und und … Man wird in eine Schublade geschoben. Zu alt, zu dumm, zu dick, zu dünn, was auch immer es sein mag. Aber man kann auch selbst blockieren, weil man das nicht will, was gerade angeboten wird. Es kann sein, dass andere Leute durch schlechte Wünsche erfolgreich eine Blockade setzen. Unfassbar, aber leider gibt es so etwas. Das ist aber nicht bei allen so.

Beispiel 3:

Eine Frau geht zur Abendschule, will erfolgreich sein. Sie schafft den Spagat des Lebens mit alltäglichen Problemen wie Nichtgefallen des jetzigen Jobs, des Lernens, dann noch den eigenen Haushalt führen, nicht. Eine Situation tritt ein, in der ihr alles zu viel wird. Der Chef kann der Schuldige sein, der sie zu oft schon in eine neue Lernsituation bringen wollte und sie einfach nur das tat, was sein Wille war, aber nicht ihrer. Nun sitzt sie ziemlich ermattet vor dem Fernseher und schafft es nicht einmal, ihre Lieblingssendung zu Ende zu sehen, da sie schnell müde wird. Am nächsten Morgen wacht sie auf und will nach Schuldigen für ihre Situation suchen. Vielleicht in der Kindheit, das Elternhaus, was nicht besonders war und und und. Das wird so lange weitergehen, bis ein Schuldiger gefunden wurde. So passiert das häufig im Leben. Jedoch könnte sie an ihrer Situation selbst etwas ändern. Manchen fehlt allerdings der Mut zu Veränderungen.

Beispiel 4:

Ein Mann will gerne Macht auf andere ausüben, weil er in der Kindheit enttäuscht wurde. Die Erziehung seiner Eltern war alles andere als liebevoll. Da kommen keine rechten Gefühle für andere Lebewesen auf. So gibt er von Anfang an allen und jedem die Schuld an seinem Versagen. Er alleine hätte aus seinem Leben etwas machen können. Da gehören nicht immer andere dazu, das Glück kann man selbst schmieden. Aber wenn man gar nicht den Willen hat, etwas gut gelungen zustande zu bringen oder immer wieder die Erziehung vor Augen hat, klappt das nur schwerlich. Hier wird sich wieder der Umgang mit anderen Freunden oder Bekannten, angeblichen Freunden, wie auch immer, zeigen, inwieweit man eigene Entscheidungen treffen wird und kann. Hier spielt die Manipulation eine entscheidende Rolle. Nicht nur, dass man andere manipulieren will, sondern inwiefern man selbst manipuliert wird oder andere eben Macht ausüben können. Oftmals haben diese Personen einen solchen Egoismus, dass sie gar nichts anderes mehr sehen wollen. Schade, aber oft verbreitet.

Beispiel 5:

Macht, über andere bestimmen zu wollen, haben viele Menschen durch den Einfluss des Geldes.

Sie haben von Geburt an viel Geld, wachsen in diese Rolle als wohlhabende Tochter oder wohlhabender Sohn hinein. Sie erhalten eine Erziehung der besonderen Art, egal, ob nun liebevoll oder durch Geld erkaufte Liebe. Diese Menschen kennen nichts anderes, als dass man mit Geld alles haben und sogar andere manipulieren kann. Für diese Menschen ist das selbstverständlich. Korrekt ist das nicht, andere zu manipulieren, aber für sie ist es ein gelungenes Werk der Macht. Geld kann man allerdings auch erlangen ohne reich geboren zu sein. Da spielt der Charakter eines jeden eine große Rolle. Wird man Gutes tun mit dem erworbenen Geld oder wird man es benutzen? Benutzen, in dem man andere für seine Zwecke gebraucht, egal wie. Oder gibt man vom Geld Ärmeren etwas ab, egal ob Mensch oder Tier? Alles wird sich mit dem Wesenszug der Liebe zeigen. Geht der Mensch soweit, sich und andere der Macht des Geldes hinzugeben oder liebevolle Wege zu gehen?

An dieser Stelle kommen wir noch einmal auf die Eigenschaft Egoismus zurück. Egoismus ist ein schlimmer Charakterzug. Ein schlechter Begleiter des Menschen, denn Egoismus ist die Selbstsucht in uns, die anderen Schaden zufügt. Ein egoistisches Verhalten wird der Mensch an den Tag legen, wenn er die Welt nur mit seinen Augen sieht. Doch nur seine Augen sehen nicht die ganze Welt in seiner Vielfalt, denn die Welt ist anders als die Sicht eines Einzelnen. So macht dieser egoistische Mensch mit der Zeit nicht nur sich, sondern auch seine Umgebung arm. Hier bedeutet arm sein: Keine Gefühle haben, nicht einmal für sich selbst. Denn wer nur sich und keinen anderen neben sich gelten lässt, ist ein armseliger Mensch. Er ist ein ungläubiges, garstiges Wesen.

Beispiele, die einen Egoisten als Wesen darstellt, das Unheil anrichten kann, wird es genug geben. Doch wir wollen hier nur einige davon hervorheben:

Beispiel 1:

Egoist A liebt die Frau, die er begehrt, weil sie Geld besitzt. Mit schönen Worten umgarnt er sie, obwohl er innerlich anders denkt. Sie aber vertraut ihm, fühlt sich geliebt. Egoist A sieht aber nicht diese Frau, die er blendet, sondern all die Dinge, die er sich nun leisten kann, wenn er ihr die Liebe vorgaukelt. Auf großem Fuß lebt

Egoist A gerne. Seine Welt ist nur in Ordnung, wenn er den Luxus leben kann. Wunderschön ist es, das Leben an ihrer Seite. Doch die Frau ist nicht die einzige, die er blendet. Egoist A nimmt sich alles und jeden, was ihm Vorteile gerade bringen kann. Dabei sieht er nur sich, kein anderes Wesen hat neben ihm Platz. Egoist A geht so weit, dass er nicht nur diese gutgläubige Frau blendet, er blendet auch seine Eltern, seine Geschwister, Menschen, die in sein Leben überhaupt treten, auch kurze Bekanntschaften. Alles und jeden nutzt er für sein eigenes Wohlfühlen aus. So wird er über kurz oder lang Menschen verletzen. Ihm jedoch wird es egal sein, ob jemand durch ihn verletzt wird. Er alleine ist doch da, um Wohlgefühl zu empfinden. So seine Sichtweise.

Beispiel 2:

Egoistin B ist auf dem Wege, Karriere zu machen. Sie benutzt dafür einen Mann, der ihr Vater sein könnte. Mit Sexappeal, aufreizenden Posen, ja allem, was sie so als Frau zu bieten hat, gaukelt sie diesem Mann, der ihr auf die Karrierespur helfen soll, die sexuelle Begierde vor. Der Mann ist geschmeichelt, weiß gar nicht wie ihm geschieht und genießt die Zuneigung der Egoistin B. Diese Frau wird spätestens nach erreichtem Erfolg den armen Mann fallen lassen. Sie wird diesen Mann sehr verletzen und mit ihrem Egoismus hat sie alles geschafft, was sie wollte: Karriere. Ob sie in dieser Welt, die sie unbedingt haben wollte, glücklich wird ist nicht zwingend gegeben. Aber es war ihr egoistischer Wille. Der Mann bleibt verletzt und einsam zurück. Egoistin B lebt dann das Leben, was ihr das egoistische Auge zeigt.

So wird es im alltäglichen Leben noch viele Beispiele dieser Art geben. Egoisten sind allerdings einsam. Sie leben praktisch gesehen nur in ihrer eigenen Welt, aber glauben, alles für sich gepachtet zu haben. Hier wäre es gut, wenn sie einmal die Welt mit anderen Augen sehen könnten. Vielleicht wird es durch einen Vorfall in ihrem Leben einmal eine andere Sichtweise geben. Eventuell bleiben sie in ihrem Herzen immer gefangen und in der Stille der wirklichen Einsamkeit.

Alles wird im Leben immer darauf ankommen, wie man miteinander umgeht. Ob liebevoll, garstig, nett, freundlich, dumm, wie auch immer. Menschen sind geschaffen mit Liebe. Ausnahmslos. Inwieweit sie das im Leben umzusetzen wissen, ist das Schicksal eines Einzelnen.

Die Eigenschaft der Niederträchtigkeit gibt es leider zu oft auf dieser Erde. Da gehen Menschen aus Rache, Eifersucht hin und behandeln andere äußerst demütigend und denunzieren sie, schlagen sie bildlich gesehen. Ob gewollt oder nicht, sie werden ihre Opfer derart angehen, dass diese nicht nur kurz, sondern dauerhaft verletzt werden. Dauerhaft deshalb, weil man sie vor anderen so schlecht behandelt oder erniedrigt, dass diese sich „ihr Bild" über diesen armen Menschen machen, der dort zugrunde gerichtet wird. Dieser arme Mensch kann sich dann wenden wie er will, er wird bei vielen Leuten, die es „mitbekommen" haben, nicht mehr viel wert sein. Das Leben dieses armen Wesens wird durch Niederträchtigkeiten begleitet sein, das erschwert es ihm, leben zu können, wie es würdig wäre. Würdig, weil eigentlich jeder Mensch die Würde mit auf seinen Weg bekommen hat, jedoch von anderen Menschen unwürdig begleitet wird.

Dazu gibt es leider viele Beispiele, wovon aber auch nur einige genannt werden.

Beispiel 1:

Eine Frau liebt ihre Tiere wie ihre eigenen Kinder. Der Chef legt es darauf an, diese Frau zu demütigen, da sie das gefundene Opfer für ihn ist. Ruhig, gutgläubig, da wird man sehr schnell die Opferhaltung übernehmen. Denn die meisten Leute suchen sich keine Menschen aus, die Stärke ausstrahlen, sondern diejenigen, die „gebückt" durchs Leben gehen. Das hatten wir ja schon in vielen Beispielen zuvor. So erzählt diese Frau gerne von zu Hause und ihren Liebsten und meint damit auch ihre geliebten Tiere. Schon macht sie sich angreifbar und der Chef, der ein armer Mensch in seiner Seele ist, greift sie gerne an. Hier kann er sein Ventil aus aufgestautem Frust loswerden. Natürlich im Beisein von anderen lässt er wenig aus, um die junge Frau anzugreifen. Teils mit Worten, teils mit Gesten. Niederträchtig bedeutet hier seine dumme Art mit dem Leben anderer umzugehen. Andere lachen nun über diese Frau und ihre Liebe zu ihrem guten Zuhause. Auf einmal wird sie als „nicht normal" abgestempelt. Nun kann sie praktisch alles tun, was sie will, keiner oder selten wird sie jemand wirklich als normal ansehen und oft wegen jeder Kleinigkeit als dumm darstellen. Dabei hat sie die große Liebe entdeckt. Die anderen Menschen aber sind nur klein, nicht nur in ihrem Verhalten, sondern auch in ihrem Handeln. Niedere Beweggründe anderer machen jedoch einen liebevollen Menschen zu etwas, was dieser gutgläubige Mensch nicht verdient hat: Ein Opfer anderer zu sein.

Beispiel 2:

Eine Frau geht in die Welt, um Gutes zu tun. Sie hat einen steinigen Weg zu gehen, doch sie bekommt Kraft und Mut durch ihre Liebsten. Da kommen andere Menschen, die an allem zweifeln, was sie sagt, was sie tut. Das ist alles Humbug, das kann nicht sein. Was wir, die realistisch denken und handeln, sagen und tun, ist korrekt. Diese „Realisten" denken jedoch engstirnig, weil sie nur glauben, was sie glauben wollen. Dass diese Frau die Wahrheit spricht, will keiner wissen, da das über ihren eigenen Horizont hinaus zu viel für diese Leute wäre. In ihrer scheinbar „realistischen" Welt beginnen sie über diese Frau herzuziehen. Das ist nicht nur niederträchtig, sondern auch dumm. Dabei glauben diese Leute, sie seien mit Weisheit gepaart worden. Aber sie sind es nicht. Weise wären sie, würden sie zuhören, nachdenken und nicht die Engstirnigkeit in ihrem Leben leben. Realistisch ist alles. Nur kommt es auf das Auge des Betrachters an. Der eine hält das für realistisch, der andere das andere. So glaubt jeder, realistisch zu denken und zu sein. „Doch diese Frau hat die Wahrheit des Lebens gesprochen. Wer sie erhörte, bekam ein wunderbares Geschenk: Die Erkenntnis der Liebe." Diktat meiner mich begleitenden Erzengel und Engel.

Beispiel 3:

Eine Frau geht auf ihre Schwester zu, doch diese lehnt sie ab. Sie lebt mit einem Mann zusammen, der ihre Schwester nicht mag und sie hat falsche Freunde, die ihr Etliches „ins Ohr flüstern". Eigentlich liebt sie ihre Schwester und die Schwester liebt sie. Es wird sich zeigen, wie diese Schwester auf die Aussagen anderer Leute reagiert, da die anderen ihr Dinge mitteilen, die so nicht stimmen. Doch das ist sehr niederträchtig. Niederträchtigkeit durch die Leute, die der Schwester A Böses gelungen mitteilen. Niederträchtigkeit aber auch von Schwester A gegenüber Schwester B, denn sie wird ihr zusetzen, wo immer sie kann. Dies geht sehr weit und hat mit der Liebe gar nichts mehr zu tun. Würde die Schwester A auf ihr Herz hören, so ginge alles gut und man könnte die Liebe spüren. Durch ihre und der Niederträchtigkeit der anderen bleiben beide Schwestern verletzt zurück.

Beispiel 4:

Ein Mann geht einer Frau, die er eigentlich sehr gerne hat, aus dem Weg. Zuviel Negatives hat man ihm „eingetrichtert". Man sprach von ständiger Falschheit, die diese Frau angeblich in sich trägt. Doch das ist nicht die Wahrheit, denn sie ist ein reines Wesen. Man hat auf diesen Mann sehr viel Einfluss genommen, so dass nun wieder eine Situation erst gar nicht entstanden wäre, wenn der Mann, der eigentlich viel empfindet für diese Frau, seinem Herzen und seiner inneren Stimme gefolgt wäre. Die Niederträchtigkeit der anderen Leute, die Lügen verbreiteten, um eventuell von eigenen Machenschaften abzulenken, hatten leider Oberhand erlangt. So werden diese Beteiligten unglücklich sein durch die Niederträchtigkeit von intriganten Personen.

Beispiel 5:

Niedertracht ist nicht nur, wenn jemand Schlechtes redet, Dinge erfindet, sondern auch, wenn er andere auf seine Weise erniedrigt. Das kann Vieles sein. Menschen können andere durch vielerlei Arten erniedrigen. Niederträchtige Menschen sind allerdings oft im Herzen einsam. Ihnen fehlt die Liebe und da sie keine wahre Liebe empfinden, müssen andere leiden. Denn andere leiden zu sehen macht diese Leute glücklich, wenn auch nur für eine beschränkte Zeit. Hierzu wird folgendes Beispiel angeführt:

Der Mann, der aus Niedertracht seine Frau beschwor, Frau X zu demütigen, kam auf einmal selbst in eine solche Situation. Plötzlich war da jemand, der ihn betrog und denunzierte. Er glaubte an diese Leute, die mit ihm nichts Gutes im Sinn hatten. Nun war er derjenige, der der Denunzierte war durch die Niederträchtigkeit einer anderen Person, die ihm Freundschaft vorheuchelte. Es wird sich dann zeigen, ob der Mensch daraus lernt oder nicht.

Alle Menschen verdienen Respekt. Doch viele kennen die Bedeutung dieses Wortes kaum. Sich selbst wollen sie immer respektiert haben, allerdings das anderen gegenüber zu erbringen, fällt ihnen schwer oder gelingt ihnen erst gar nicht. Dabei ist Respekt nichts anderes, als dem anderen Liebe zu geben. Da viele Menschen Liebe nur in Verbindung bringen mit zwei Lebewesen, die sexuell sich anziehend finden, fällt es schwer, hier den richtigen Ansatz der Menschen für dieses eigentlich einfache Pfand der Liebe näher zu bringen. Denn Liebe zu geben ist keine Schande, es ist etwas

Gutes und Sinnvolles. Respekt zu haben ist keine Krankheit, sondern ein menschlicher Zug der Liebe.

Einige Beispiele, wo Respektlosigkeit der Fall ist:

Beispiel 1:

Eine Frau geht zur Arbeit. Sie glaubt, Respekt zeigen zu müssen. Gegenüber dem Chef, den Kollegen, ja sie will alle respektvoll behandeln. Aber die Menschen, die tagtäglich mit ihr arbeiten, zollen ihr keinerlei Respekt. Im Gegenteil. Wo sie nur können, treten sie sie bildlich gesehen nieder. Das merkt diese Frau im Inneren ihres Herzens, geht aber trotzdem weiter mit diesen Leuten respektvoll um. Sie ist freundlich, hört anderen gerne zu. Manchmal macht sie sogar deren Arbeit mit, obwohl diese Kollegen sie nur belächeln und denken, sie sei nur dumm. Zunächst heucheln sie ihr Freundlichkeit vor. Doch kaum hat sie ihnen den Rücken gekehrt, wird derart über sie gesprochen, was schon mehr als respektlos ist. Hier wird sich zeigen, inwieweit diese Frau das akzeptiert. Ist sie stark genug allem etwas entgegenzutreten? Sie wird nicht verhindern können, dass diese Leute weiter schlecht über sie reden. Die anderen werden es vielleicht einmal selbst bemerken, was sie tun oder wenn ein anderer einmal über sie herzieht. So wird es Situationen geben, da kommt alles auf einen selbst zurück, wenn man denn Böses tat.

„So ist es", schrieben mir meine Engel sofort.

Beispiel 2:

Eine Frau respektiert ihre Schwester. Sie gibt vor, ihr liebevoll zur Seite zu stehen. Allerdings beeinflussen andere Leute sie. Vom alltäglichen Leben geplagt, lässt sie manchmal alle Wut an der liebenden Schwester aus. Sie verliert in diesem Augenblick den Respekt vor ihr. Eigentlich will sie ihr nur Liebe geben. Da zeigt sich dann, ob Liebe stärker ist als ein kurzer Augenblick der Respektlosigkeit.

Beispiel 3:

Eine Mutter liebt ihr Kind. Die Erziehung ist gut verlaufen, aber das Kind trifft auf falsche Freunde. Es ist „cool" eine Mutter zu demütigen. So bringen es diese angeblichen Freunde ihr/ihm bei. Das Kind, das eigentlich seine Mutter liebt, wird über kurz oder lang die Mutter angreifen und ohne Respekt auf sie losgehen. Es möchte ja „cool" wirken vor anderen. Man kann Menschen so manipulieren, dass sie das tun, was sie eigentlich gar nicht vom Herzen aus tun wollen. Da zeigt sich, ob man seiner inneren Stimme vertraut oder falschen Menschen folgt.

Beispiel 4:

Ein Chef legt die Arbeit so fest, dass eine Frau oder ein Mann diese Arbeit gar nicht schaffen kann. Er bekommt „Druck" von anderer Stelle und gibt diesen weiter. Nun setzt er diese für ihn arbeitende Person derart unter Druck, dass dieser Mensch, der Geld verdienen muss, unter der Art und Weise, wie ihm die Arbeit auferlegt wird, leidet. Hinzu kommt, wie der Chef sein Arbeitspensum steigert, denn unter ständigem Druck geht der Mensch zugrunde. Es gibt viele Leute, die sagen, sie könnten unter Druck am besten arbeiten. Ob es tatsächlich so ist, weiß nur diese Person. Ob sie es nur sagt, um gut dazustehen und viel Respekt von anderen sich zu verschaffen, ist die andere Seite.

Beispiel 5:

Der Lehrer will den Schüler maßregeln. Es findet ein Streit vor versammelter Schülerschaft statt. Das ist ebenfalls respektlos. Denn nicht nur das Beispiel Lehrer/Schüler, sondern jegliche Streitsituationen, sollten die betreffenden Personen unter sich ausmachen und keinen anderen bloßstellen. Es kann sein, dass hier nicht nur der Respekt verloren geht, sondern auch die Würde eines Menschen.

Beispiel 6:

Respekt bedeutet nicht nur die Liebe, sondern auch die Würde eines Menschen zu erhalten. Denn behandelt man Menschen respektlos, so behandelt man sie ebenfalls würdelos. Die Würde ist eigentlich das Gute, was der Mensch mit auf seinen Weg bekommen hat, doch wird diese durch die Respektlosigkeit anderer zerstört, ist sie ein leidendes Unterpfand. Das geht aber nicht, da jeder Mensch eine Würde verdient hat.

Beispiel 7:

Ein Mann lernt eine Frau kennen, die ihm hilft. Sie verstehen sich gut, doch er bekommt immer wieder falsche Meinungen anderer mit auf den Weg. So bildet er sich die Meinung anderer Menschen und behandelt die Frau plötzlich respektlos. Eigentlich hätte er Respekt vor ihr, weil er sie mag, aber das falsche Zeugnis anderer brachte die Respektlosigkeit an den Tag. Sie respektiert ihn weiter, den Mann, der sie respektlos behandelt.

Es wird noch einige Beispiele für die Respektlosigkeit geben. Nun folgen Beispiele, wo der Respekt gegeben ist.

Beispiel 1:

Die Frau eines Mannes liebt einen anderen. Aus Respekt und Liebe für ihren Mann verzichtet sie auf eine Affäre. Sie stellt ihr eigenes, vielleicht kurzes Vergnügen, ein. Das zeigt großen Respekt, denn sie stritt sich mit ihrem Mann und hätte einen Grund gesucht, den eigenen Mann zu verletzen. Doch sie liebt und respektiert ihn.

Beispiel 2:

Respekt vor dem Alter. Alle Menschen sollten respektiert werden. Viele ältere Menschen bekommen jedoch schon keinen Respekt mehr, wenn Familienmitglieder sie einfach in ein Heim „abschieben". Plötzlich verlieren diese Menschen ihren familiären Halt. Sie spüren keine Liebe mehr. Oft passiert es, dass sie sich denken: „Warum bin ich überhaupt noch hier, mich will keiner mehr?" Da zeigt sich, ob man diesen älteren Menschen Respekt entgegenbringt und sei es einfach nur der tägliche Besuch der Enkelkinder und der guten, liebevollen Pflege und Fürsorge der Mitarbeiter dieses Heims.

Respekt zu haben bedeutet auch Freude geben. Es gibt Menschen, die es schätzen, geliebt und gemocht zu werden. Nicht nur sie haben ein Recht auf Respekt. Andere, ärmere Seelen, die vom Weg abgekommen sind, sollte man respektieren. So das nächste Beispiel.

Beispiel 3:

Ein Mann lebt „auf großem Fuß". Er will reich und anerkannt sein, doch da trifft er einen anderen, der ihm die Liebe vorgaukelt. Die Liebe ist es jedoch nicht, die ihn anziehend macht, es ist das Geld. Geld verschafft ihm einen Lebensstandard, den er nicht immer kannte. So geht er einen Weg, der anderen Lebewesen schadet. Emotional und finanziell. Dieser Mann lebt in einem späteren Lebensabschnitt in Armut, weil er durch Betrügereien alles verloren hat. Nun zollt man ihm weder Respekt noch Liebe. Derjenige, der ihn dazu brachte, hat ihn verlassen auf allen Ebenen. Die Menschen, wie als Beispiel seine eigene Mutter, gehen ihm aus dem Weg. Liebe und Respekt fehlen ihm. Selbst wenn es ihm leid tut, was alles geschehen ist, er hat durch sein Handeln viele wertvolle Chancen im Leben vertan. Da wird sich zeigen, ob dieser Mensch emotional untergeht oder sich noch einmal aufraffen kann und von vorne beginnt.

Jeder Tag gibt die Chance des Neuanfangs. Respekt könnte er sich durch gute Taten wieder näherbringen und die Liebe zu anderen und sich selbst.

128

Beispiel 4:

Eine Frau geht auf dem Weg des Glücks. Sie will Gutes tun, doch die anderen behandeln sie respektlos, weil sie dicklich und schon etwas älter ist. Da wird sich zeigen, ob die Menschen zur Umkehr bereit sind und ihr den Weg bahnen, den sie verdient. Den Weg des Respekts und der Liebe. Jeder kann lernen, diesen Weg zu gehen. Auch hier zeigt sich, ob Menschen bereit sind, sich zu verändern. Ob sie bereit sind neue Wege zu gehen und die Liebe sowie den nötigen Respekt, den jeder verdient hat, der Gutes tut, entgegenzubringen.

Beispiel 5:

Respekt hat ebenfalls verdient, wer einmal vom Wege abgekommen ist. Vielleicht hat er etwas Unsinniges getan, aber bereut es. Denn wer bereut verdient auch Liebe. Es passiert so oft im Leben, das Menschen aus vielerlei Gründen Fehler begehen, doch den Respekt zueinander und füreinander darf man nicht verlieren. Man verliert damit eines der höchsten Güter, die der Mensch mit auf seinen Lebensweg bekommen hat.

Nun sind wir schon einmal beim Thema Reue, das eine Lebenserfahrung und einen Lebensweg darstellen kann. Reumütig kehrt ein Abtrünniger nach Hause. Reue zeigt der Betrüger. Die Macht der Liebe geht geduldig um mit seinen Sündern. „Wer Reue zeigt, dies ehrlich meint, wird mit der Liebe belohnt sein", diktierten es mir meine Engel an einem sonnigen Morgen.

Beispiel 1:

Ein Mann hat betrogen. Er betrog andere aus Gier. Es tut ihm wirklich leid und sein Leben ist danach so verpfuscht, dass er nicht mehr leben will. Doch er zeigt wirklich Reue, bittet sogar Gott um Hilfe. Dieser Mann wird erhört werden, wenn er es ehrlich meint. Sein Weg könnte wieder positiv sein, würde er die Kraft haben, sich neu zu orientieren und einen neuen Weg einzugehen.

Beispiel 2:

Eine Frau hat im Affekt die liebe Mutter beleidigt. Sie meinte es nicht böse und es tut ihr leid. Keinesfalls wollte sie die Mutter kränken. Nun geht sie zu ihr, umarmt sie, entschuldigt sich mit lieben Worten und liebevollen Gesten. Das ist dann echte Reue und wird mit Liebe belohnt.

Beispiel 3:

Ein Mann betrog seine Ehefrau. Er hat sich sexuell zu einer anderen Frau hingezogen gefühlt. Schnell merkt er, dass das keine Liebe, sondern nur die sexuelle Befriedigung ist. Da wird sich zeigen, wie stark die Liebe der beiden ist. Die Ehefrau müsste die Größe haben, ihm zu verzeihen und er müsste aufrichtig die Reue leben, in dem er ihr alles sagt, was geschehen ist und fortan die Wahrheit spricht. Er sollte versuchen, die

Liebe zu erhalten. Geht seine gekränkte Ehefrau jedoch nicht darauf ein, so müsste er dies akzeptieren, denn eine verletzte Person muss entscheiden, was sie tut.

Reue zeigen, Liebe geben, Kraft schöpfen durch den neuen Weg. Alles ist gut, wenn es von Herzen getan wird. Macht man Dinge nur halbherzig, damit man schon einmal den Anfang gemacht hat, dann wird das dauerhaft nicht funktionieren. Halbherzigkeiten sind noch immer mit Lieblosigkeit behaftet. Entweder macht man etwas voll und ganz mit dem Herzen oder man lässt es erst einmal, bevor man sich dann letztendlich wieder nur mit dem belastet, was man eigentlich nicht will: Der Lieblosigkeit.

Mit und aus vollem Herzen sollte die Handlung kommen, so kann sie Liebe geben und den anderen Menschen Liebe spüren lassen.

„Reumütig kehrt ein jeder zurück in den Schoß der geliebten Mutter Erde, wenn er bereit ist zu lieben", so ein weiteres Diktat meiner Engel an einem sonnigen Tag. Doch viele Menschen sind so weit vom Wege abgekommen, dass die Welt von Lieblosigkeit erschüttert wird. Lieblos geht der Mensch mit geliebten Lebewesen um, doch das liegt am Lebensumstand, am alltäglichen Leben und seiner Schwäche, die er als Mensch nun einmal ab und an hat. Es muss nicht bei all dem Schwachen oder schwach Gemachten bleiben.

So gibt es jeden Tag diese neue Chance, die jeder hat, um sich neu zu orientieren, die Liebe und das Leben zu erkennen und zu leben. Alles könnte so einfach sein.

Beispiele der Reue gab es ja schon, doch neben der Reue gibt es die Lieblosigkeit, denn wir Menschen behandeln uns selbst und andere oftmals nicht besonders gut. Zum einen, weil wir den Druck, den das Leben so manches Mal mit sich bringt, abgeben an andere Lebewesen. Ja, wir beleidigen sogar Menschen, die uns lieben und die wir lieben. Das tut uns dann leid, aber damit ist es manchmal nicht getan. Den Menschen, den wir verletzt haben, kann man mit viel Geduld und Liebe wieder für sein Herz gewinnen. Aber auch das ist vielen Leuten zu mühsam. Sie lieben es, die Bequemlichkeit zu leben und da steckt manche Lieblosigkeit dahinter. So geht man nicht nur mit anderen oft lieblos um, sondern straft sich selbst mit Lieblosigkeit.

Menschen kommen oft an einen Punkt, da sind sie nicht mehr mit sich und der Welt zufrieden. Sie hassen sich selbst und andere dazu. Manche glauben, dass die Verantwortung für ihr Leben bei anderen Menschen liegt. Manche geben sich selbst auf.

So bringt das Leben Lieblosigkeiten mit sich, wie nachstehend ein paar Beispiele zeigen werden.

Beispiel 1:

Ein Mann geht auf eine Frau zu, die er sexuell begehrt. Sie aber will ihn nicht lieben. Das gefällt ihm nicht, denn er will sie. Mit Gewalt versucht er, sie zur Liebe zu zwingen. Dabei handelt es sich gar nicht um die wahre Liebe, sondern um die Lieblosigkeit. Liebt man andere, so braucht man keine Gewalt anwenden.

Denjenigen, den man liebt, den behandelt man nicht mit Lieblosigkeit und ganz sicher nicht mit Gewalt.

Beispiel 2:

Eine Frau liebt ihr kleines Mädchen. Doch das kleine Mädchen schreit ständig. Da plötzlich schlägt sie es. Einfach so. Selbst überrascht über ihr Handeln fühlt sie Abscheu gegenüber sich selbst. Sie bekommt Zweifel, eine gute Mutter zu sein, die es wert ist, ein Kind zu haben, es gar aufzuziehen und zu lieben. Diese Frau wäre eine liebevolle Mutter, wenn sie es erst gar nicht getan hätte, dieses kleine Mädchen zu schlagen. Wenn ein Kind schreit, so sollte man es beruhigen, niemals Gewalt anwenden. Trost sollte das kleine Kind von der Mutter bekommen und vor allem Liebe. Doch viele Mütter sind heutzutage mit allem überfordert. Sie rasten aus, vergessen für einen Moment nicht nur sich selbst, sondern auch das kleine Kind, das vor ihnen steht. Es aufrichtig zu lieben und sich beim Kind zu entschuldigen, wäre jetzt ein guter Zug.

Beispiel 3:

Der Vater will, dass der Sohn sein Erbe übernimmt. Wozu hat er die große Firma aufgebaut, wenn nicht für seinen einzigen Sohn, den er liebt und zu seinem Nachfolger machen will? Der Sohn hat jedoch keinerlei Interesse daran. Diese Firma hat ihn noch nie sonderlich interessiert und so geht er einen anderen Weg. Er studiert etwas anderes, als der Vater es ihm aufgetragen hat. Das erfährt der Vater über andere, weil der Sohn sich nicht traute, ihm das zu sagen, was er, der Sohn, wirklich wollte. Nun straft der Vater seinen Sohn mit Verachtung.

Beide sind verletzt und strafen einander, in dem der eine mit dem anderen nicht mehr redet und ihm aus dem Weg geht. Hier könnte der Konflikt leicht gelöst werden, denn wer liebt, der verzeiht. Eine Lösung, wie alle im Leben miteinander glücklich sind, kann auch hier einfach gefunden werden. So könnte die Firma im Besitz der Familie bleiben, ein anderer aus der Familie die Führung übernehmen. Auch könnte die Firma unter anderer Leitung im Familienbesitz bleiben. Vielleicht wird der Sohn sein Erbe dann einmal gewollt übernehmen, wenn der Druck, dass er es tun muss, nicht mehr gegeben ist. Alles könnte einfacher sein, als es zu sein scheint.

Beispiel 4:

Ein Mann geht auf Abwegen. Geprägt ist sein Weg von Lieblosigkeit, denn seine Eltern gaben ihm kein Gefühl der wahren Liebe, seine Schwester ebenfalls nicht. Da gibt ihm ein anderer Mensch Liebe. Er stößt dies weg, weil er gar nicht weiß, was das Wort Liebe wirklich bedeutet. Nun lernt er auf seinem Lebensweg Menschen kennen, die gar keine wahre Liebe in sich tragen, ihm diese aber vorheucheln. Dieser Mann glaubt nicht einmal daran, dass er nun belogen wird und beginnt einen falschen Weg zu gehen. Statt Liebe, die er sucht, glaubt sie zu bekommen, erfährt er weitere Lieblosigkeiten oder Halbherzigkeiten. Menschen beginnen ihn für ihre Zwecke zu benutzen. Da geht er hin und „lernt" von diesen falschen Freunden oder Geliebten.

Nun benutzt er andere, auch Menschen, die ihm aus reinem Herzen zur Seite stehen. Er stößt diese Menschen abermals weg. Da zeigt sich im Laufe seines Lebens, nicht von falschen Zeugnissen anderer, sondern von der Liebe zu sich selbst zu lernen. Denn wenn er daran glaubt, sich selbst zu lieben, es aber nicht tut, ist er auch nicht bereit die wahre Liebe zu erkennen. Dann wird Lieblosigkeit sein weiterer Begleiter sein. Dabei müsste dieser Mensch nur anfangen, sich neu zu bewegen. Bewegung bedeutet hier: Lieben lernen.

Beispiel 5:

Halbherzig macht man seinen alltäglichen Job, weil das Geld am Ende des Monats stimmen muss. Lieblos schmeißt man Dinge durch die Gegend. Man will arbeiten, hasst es aber zugleich. Das kommt oft vor, weil Menschen mit Geld leider ihren Lebensunterhalt bestreiten müssen. Sie gehen mit Lieblosigkeit zu ihrer täglichen Arbeit, mit Lieblosigkeit werden sie eventuell durch Kollegen, Kunden, wie auch immer, begleitet. Am Abend sind sie erschöpft von allem und selbst das Essen wird mit Lieblosigkeit zubereitet. So schlägt sich der Mensch, der eigentlich sich nach Liebe sehnt, mit Halbherzigkeiten und Lieblosigkeiten durchs Leben. Alles könnte einfacher sein, würde der Mensch etwas tun können, was er gerne tut. Dann könnten auch die Jobs besser erledigt werden. Doch leider ist das in der heutigen Zeit nicht ganz so einfach. Der Ratschlag meiner Engel: „Es sollte alles mit Liebe getan sein und positiv gedacht werden. Dann geht das Leben besser voran. Ave."
Der Mensch bereut, aber manchmal gibt er es nicht zu. Man könnte ja sein „Gesicht verlieren". Dabei verliert man aber, wenn man nicht bereit ist zu vergeben, zu verzeihen und zu bereuen. Manchmal verleugnet

man die Liebe zu einem anderen, da das nicht schicklich sein könnte, was auch immer man dahinter verbergen mag. Manche Menschen geben etwas nicht zu, weil sie vor anderen „cool" dastehen wollen oder sich selbst nicht eingestehen wollen, dass die Werte, die sie von anderen verlangen, sie selbst gar nicht erfüllen. Aber es geht im Leben immer um das Miteinander. Allerdings handeln viele Menschen gegenteilig, so dass aus dem Miteinander ein Gegeneinander entsteht.

So geben wir hier einige Beispiele:

Beispiel 1:

Es kommt am Tag der Mensch oft in Versuchung anders zu handeln als er es vom Herzen her will. So beginnt das schon beim Job. Um nicht dumm vor anderen Kollegen dazustehen, erzählt man, wie toll das Wochenende doch war. Auch, damit andere nicht wieder sagen können: „Ach, du bist ein Stubenhocker." Letztendlich muss jeder selbst für sich erkennen, was gut für ihn ist und wenn das ein Tag zu Hause ist, in einer Umgebung, in der man sich wohl fühlt, dann ist das eben gut für einen. Das muss anderen nicht gefallen, sondern einem selbst. Trotzdem lässt man sich in solchen Situationen dazu hinreißen und leugnet, was man gerne für sich selbst tut.

Beispiel 2:

Eine Frau bekennt sich offen zu ihrem Glauben, jedoch wird sie dafür von anderen denunziert. Da sie weiter daran festhält, wird es lieblose Menschen in ihrer Umgebung geben, die sie daran hindern wollen, den

Glauben an Gott zum Beispiel, zu leben. „Die spinnt doch", sagen vielleicht die einen. Andere halten sich eventuell ganz von ihr fern, weil sie ja wohl nicht „normal" zu sein scheint. Dabei ist diese Frau normaler als andere, die sich selbst nicht erkennen und anderen, falschen Wegen folgen.

Beispiel 3:

Ein Mann geht bei allem, was er tut, mit keinerlei Lust heran. Um anderen aber das Gefühl zu geben, dass er „der Tollste" ist, sagt er Dinge, die er selbst nicht glaubt, aber den anderen Leuten gefallen. So verbiegt er sich selbst und will dann andere noch verbiegen. Gelingt es ihm nicht, dass er andere mitzieht, lehnt er deren freundschaftlichen Ratschläge als Beispiel ab. Er will besitzen, er will herrschen. Nur er allein scheint auf der Welt das Sagen zu haben. Weit gefehlt! Es hat auf dieser Welt nicht nur ein Mensch etwas zu sagen. Aber das Schlimme daran ist, dass er wieder leugnen wird, so zu sein, weil dieser Mann gar nicht erkennt, was er aus sich oder was andere aus ihm gemacht haben.

Beispiel 4:

Ein Mann geht auf andere zu, weil er gerne mit Menschen umgeht. Doch sie sind hämisch und ironisch ihm gegenüber, weil er anders ist als sie. Er ist krank und behindert. Nun möchte er so sein wie andere Leute. Aber er wird schon wegen seiner Krankheit und seiner Behinderung ausgegrenzt. Vielleicht gibt es sogar in seinem familiären Umfeld Menschen, die leugnen, ihn zu kennen. Sie wollen vor anderen nicht zugeben, dass ein Kranker und Behinderter mit ihnen verwandt oder befreundet ist. So leugnet man, dass ein gutes Wesen, das nun mal anders geboren wurde als sie, auf der Welt eine Existenz hat. Leben wollen wir alle. Dass jeder das Recht auf ein gutes und liebevolles Leben hat vergessen manche Leute oder sie wollen es bewusst vergessen.

Manchmal gehen die Menschen seltsam miteinander um. So sieht man das leider alltäglich, dass Menschen, selbst wenn sie sich mögen oder sogar lieben, nicht gut miteinander umgehen. Einer verletzt den anderen, obwohl er es gar nicht tun will. Aber es gibt auch Menschen, die absichtlich andere verletzen. Hier gibt es vielerlei Möglichkeiten. Menschen sind oft an der Umsetzung ihrer eigenen Vorstellungen reich. Das kann sogar soweit führen, dass sie Menschen sehr viel Leid zufügen, sich an deren Opferhaltung ergötzen.

„Aber es wird ihnen eines Tages bewusst werden, was sie getan haben", so diktierte es mir Erzengel Uriel.

Menschen können durch böse Einflüsse sehr gekränkt werden oder man fügt ihnen körperlich Schaden zu. Da gehen viele hin und schauen sogar zu, wenn der eine den anderen tätlich angreift. Alle haben Furcht vor Gewalt, egal wer oder wie es ausgeführt wird.

„Diese bösartigen Menschen werden jedoch eines Tages vor einem Richter stehen, den sie gar nicht kennen oder kennen wollen. Dieser Richter wird nicht auf der Erde weilen, aber allmächtig sein", so diktierte es mir wieder Erzengel Uriel.

Zum Thema Lieblosigkeiten gab es schon einige Beispiele, aber zur rohen Gewalt und Verletzung der Menschen haben wir noch Beispiele aufgeführt.

Beispiel 1:

Ein Mädchen geht zur Schule. Sie ist schüchtern, hat ein gutes Zuhause und ein paar Schulfreundinnen. Dann entsteht eine Clique von anderen, die das Mädchen hänseln, weil es nicht alles mitmacht, was sie so treiben. Ängstlich geht das kleine Mädchen weiter zur Schule, obwohl es zur Tortur für sie wird. Hemmungslos und erbarmungslos schlagen sie zu mehreren auf die Kleine ein. Mit blauen Flecken und voller Angst geht sie nach Hause. Sie hat Angst ihre Familie davon zu unterrichten. So schweigt sie. Die Mutter, die ihre Schmerzzufügungen bemerkt, geht zum Lehrer. Von der Schulleitung bekommt sie jedoch keinerlei Hilfe. Eher das Gegenteil ist der Fall und so leidet die Kleine weiter. Sie wird älter und eines Tages ist der steinige Weg Schule für sie zu Ende. Sie hat so lange durchgehalten, weil sie zu Hause Liebe bekam. Hätte sie diese Liebe nicht erhalten, wäre sie vielleicht sogar so weit gegangen und hätte sich das Leben genommen. Aber sie liebt ihre Familie und ihre Familie liebt sie. Oft fiel ihr das alles sehr schwer. Das Mädchen musste durchhalten, nur, weil eine Bande von Möchtegernrebellen es für nötig gehalten hat, sie zu demütigen.

Beispiel 2:

Ein Mann will sich rächen, weil seine Frau ihn betrog. Aus Eifersucht, Niedertracht, was auch immer er fand an Demütigung. Wenn er seine Frau nicht mehr für sich einnehmen konnte, so sollte ein anderer auch nicht mit ihr glücklich sein. Eines Tages nahm er eine Waffe und schoss auf die wehrlose Frau. Er fühlte sich nicht besser und ging für Jahre ins Gefängnis. Hätte er akzeptiert, dass ein miteinander leben nicht mehr möglich war, so wäre die Frau wahrscheinlich noch am Leben und er hätte sich eine andere Zukunft aufbauen können.

Beispiel 3:

Eine Frau wagt einen Schritt auf eine Feindin zu. Doch diese Feindin hat nichts Besseres im Sinn als der Frau zu schaden. Diese Feindin geht hin, gibt sich als Freundin aus und sieht zu, dass sie mehr und mehr von der Frau erfährt. So bekommt sie einen guten Einblick in das Leben der Frau und auf eventuelle Schwächen. Gekonnt setzt sie diese ein, wenn sie den passenden Augenblick erkennt. Sie benutzt die angebliche Freundschaft, die der Frau sehr wichtig ist. Es ging eine auf die andere zu, aber die andere behielt ihre Boshaftigkeiten und verschmähte die Vergabe einer gut gemeinten Geste.

Beispiel 4:

Es geht ein Mann soweit, dass er durch andere Leute Magie gebraucht, um das Leben einer ihm verhassten Person zu zerstören. Alles, was ihr lieb ist, soll verschwinden. Die Person soll untergehen. Einfach so, ohne Rücksicht, denn dieser Mann will Macht ausüben. Eifersucht, Neid, welche Beweggründe einen dazu führen, rücksichtslos und erbarmungslos zieht da jemand die Fäden und benutzt andere Möglichkeiten, die der Menschheit noch etwas fremd sind.

„Doch es gibt sie. Aber das wird auf Dauer nicht funktionieren, denn es wird hier auch das Jüngste Gericht geben, egal welche Machenschaften an den Tag gelegt werden", so das Diktat meiner Engel.

Die Menschen gehen nicht nur mit Gewalt auf andere manchmal zu, sondern auch mit Worten, so dass sie die Mitmenschen sehr verletzen. Nicht körperlich, aber seelisch. Das macht einigen recht viel Spaß und sie ergötzen sich am seelischen Leid eines anderen. So gibt es hier noch weitere Beispiele:

Beispiel 1:

Eine Frau liebt die Mitmenschen aus reinem Herzen. Es gibt Neider, die keine Liebe spüren, weil sie diese nie erfahren haben. So demütigen sie die Frau mit Worten und setzen genau da an, wo es am meisten weh tut. Hier als Beispiel nehmen wir einmal eine Frau, deren Körper nicht perfekt ist in den Augen der Neider. Sie ist klein, dicklich, trägt lange Röcke, damit man ihre dicken Beine nicht sieht. Aber sie trägt das Herz am rechten Fleck und tut Gutes. Menschen treten in ihr Leben, die nichts als Herzlosigkeit ausstrahlen. Sie sagen ihr: „Du bist hässlich. Du siehst aus wie eine Vogelscheuche. Mensch, bist du klein geraten. Oh je, so wie du läuft doch kein normaler Mensch herum", und und und. Es wird noch größere Demütigungen geben. Die arme Frau nimmt sich das zu Herzen und leidet seelisch darunter. Sie fühlt sich nicht gut genug, obwohl sie viel mehr hat, als diejenigen, die sie demütigen. Sie ist voller Liebe.

Beispiel 2:

Ein Mann demütigt eine Frau, weil er glaubt, sie wolle ihm etwas wegnehmen. So tritt er sie auf offener Straße. Natürlich macht er das in einem Moment, wenn keiner zusieht. Mit den Worten wie: Du Schlampe, Du Lügnerin, was auch immer, er versucht sie „klein" zu machen. Doch in Wahrheit ist er nur klein und dumm.

Beispiel 3:

Ein Mann geht auf Reisen und lernt dort eine Frau kennen, die ihm sofort gefällt. Sie verbringen eine sehr schöne Zeit miteinander. Traumhaft ist ihr Urlaub. Dann trennen sich ihre Wege und er geht zu seiner Frau nach Hause. Plötzlich steht eine Frau, die seine Ehefrau gar nicht kennt, vor ihr und behauptet, ihren Verlobten überraschen zu wollen. Erstaunt spricht die Ehefrau ihren Mann an, der eine Beziehung zu einer anderen Frau leugnet. Diese Frau kommt wieder, trifft nun den Mann und seine Ehefrau an. Der Mann tut so, als ob er diese Frau zum ersten Mal sieht. Mit Worten wie: „Wer sind Sie? Was wollen Sie von mir?", lässt er sie stehen und wendet sich ab. Die Frau, die eine schöne Zeit mit ihm verbrachte und glaubte, nun den Richtigen gefunden zu haben, ist zutiefst verletzt. Der Mann hat kein gutes Wort für diese Frau übrig und seine Ehefrau zweifelt an den Aussagen von beiden.

Es ist der Mensch mit seinen Worten sehr schnell, denn manches Mal belügt er sich selbst, weil er eigentlich nur „Dampf ablassen" will. Doch diesen „Dampf" lässt er dann eher bei Wehrlosen ab.

Beispiel 4:

Die Dame, die so tut, als ob ihr die Welt gehört. Sie geht auf ein junges, noch unerfahrenes Mädchen zu, will sie verbiegen, weil sie so sein soll wie sie. Doch man kann andere nicht verbiegen, es sei denn, sie lassen es zu. So gehen wieder viele Menschen den Weg eines anderen. Das gibt es häufig und in den verschiedensten Formen der Lebenseinstellungen und des Lebens überhaupt. Solange dieses junge Mädchen das mit sich machen lässt, ist die Welt für die Dame in Ordnung, denn sie kann herrschen. Eines Tages wird das Mädchen flügge und lässt sich nicht alles bieten, schon gar nicht mehr verbiegen. Sofort ist die Dame entsetzt über das Verhalten und wird sie mit Worten, die das junge Fräulein verletzen sollen, attackieren. Natürlich „auf hohem Niveau", wie diese Dame meint. Aber Niveau hat sie nicht. Das junge Mädchen, das es endlich gemerkt hat, was mit ihr geschieht, sie hat den Mut nein zu sagen und nicht dem Abbild einer anderen zu folgen.

Beispiel 5:

Ein Mann kommt in ein Büro, wo er sich sehr unglücklich fühlt. Nun ist er frustriert und glaubt, alle haben sich gegen ihn verschworen, auch Kollegen, die nett sind, sieht er als seine Feinde an. So wirft er mit Worten um sich wie: „Du bist auch nicht besser als die anderen." Er verletzt Menschen, egal, ob beruflich oder privat. Doch diese Menschen, die ihm gut gesonnen sind, können nichts für seinen Frust. Vielleicht stecken sie selbst in dem Dilemma, einen Job auszuüben, den sie gar nicht wirklich wollen. Es kommt immer darauf an, wie und was man aus der Situation macht.

„Alles im Leben hat seinen Sinn", schrieben mir meine Engel immer wieder. Doch welchen Sinn hat die Gewalt? „Es ist Gewalt des Menschen Wille, wenn er sich begibt in das abgründige Tief der Seele, die gelungen böse errichtet wird", so meine Engel. Das heißt für uns übersetzt, dass Menschen Böses tun, wenn ihre Seelen böse konstruiert sind. Wie kommt es dazu?

Anhand von Beispielen können wir das etwas näher erläutern.

Beispiel 1:

Ein Junge fühlt sich zu Hause nicht wohl. Er spürt keinerlei Liebe, so kann es ihm nur schwer gelingen, Liebe zu empfinden. Erst recht kann er keinerlei liebevolle Taten begehen, weil er voller Hass ist. Das rechtfertigt zwar keine Gewalttat, macht aber deutlich, wie wichtig Liebe schon im elterlichen Haus ist. Gewaltanwendung hat hier mit bösen Absichten zu tun. „Denn, wer das Böse in sich trägt, der wird anderen Leid zufügen", schrieben es mir Erzengel Metatron und Erzengel Uriel.

Dieser Junge, der als Kind geschlagen und gedemütigt wurde von den Eltern, gibt weiter, was er „gelernt" hat. Nur ist das kein ruhmvoller Akt, eine Gewalttat zu begehen, obwohl Menschen damit Ruhm erzielen wollen. Weit gefehlt! Ruhm ist ein würdevolles Unterpfand, Gewalt nur ein böser Akt. Doch dieser Junge „rächt" sich bei anderen, tritt wehrlose Opfer, was auch immer er anstellen wird, um für die Rache an allen zu sorgen. Er ist kein Held. Denn Helden sind siegreich erlangte Kämpfer, aber keine mit Gewalt versehene Wesen.

Beispiel 2:

Eine Frau geht auf dem falschen Pfad der Liebe. Sie lässt sich für Liebe oder besser gesagt, für Sex, bezahlen. Das muss nicht zwingend eine Prostituierte sein. Auch andere Frauen lassen sich gerne für Liebe oder was sie darunter verstehen, bezahlen. Eines Tages geht sie nicht mehr diesen Weg und der Mann, egal ob ihr „Arbeitgeber" oder Ehemann, wird ihr vorwerfen, nicht mehr für ihn zur Verfügung zu stehen. Es wird Leute geben, die dies mit Gewalt „heimzahlen". Diese Frau wird „gestraft", sei es durch Schläge oder noch mehr. Hier wird eine gewalttätige Handlung begangen, weil sie nicht mehr so funktioniert, wie sie es getan hat.

Beispiel 3:

Eine Frau tut alles für ihren Mann, weil sie ihn aus Liebe geheiratet hat. Er verliert seinen Job, ist unzufrieden. Nun sucht er sich seine Frau aus, die er für schuldig an dieser Situation befindet. Der Mann nimmt seinen Gurt und schlägt auf sie ein. Gerecht findet er es, dass sie von seinem Leid etwas „abbekommt". Diese Art von Gewalt ist einfach nur sinnlos und schäbig. Doch das interessiert diesen Mann nicht im Geringsten. Er schlägt weiter auf die hilflose und wehrlose Frau ein. Sie wird kläglich leiden. Dem Mann wird es dadurch nicht besser gehen, denn er ist eine äußerst arme Kreatur geworden.

Beispiel 4:

Gewalt an Schulen, sogar schon im Kindergarten, wo und was auch immer Menschen bewegt, den anderen zu quälen, es ist sinnlos, so zu handeln. Sinnvoll wäre, dass die Menschen miteinander friedlich leben. Gewaltakte wie Rache, abgeben von Gefühlen an andere, abreagieren und Vieles mehr sind keinesfalls sinnvoll. So kann die Welt nicht funktionieren.

Dass man nicht unbedingt Gewalt anwenden muss, zeigt das folgende Beispiel:

Ein Mann lernt eine Frau kennen. Nie hat er Liebe erfahren. Keine Liebe durch Mutter oder Vater.

Nur Schläge, Demütigungen waren an der Tagesordnung in seinem Leben. Dann trifft er diese Frau. Er sieht sie böse an, weil er nichts als Hass in sich trägt. Doch diese Frau lächelt ihn an. „Was ist das?", fragt er sich erstaunt. Zuerst will er das nicht wahrnehmen, weil das ja für ihn gar nichts ist, ein Lächeln. „Wieso lächelt die mich an?", fragt er sich weiter. Sogar fühlt er sich von ihr provoziert. Sie bleibt ruhig und besonnen, reicht ihm die Hand und lächelt weiter. „Was wollen Sie?", keift er sie an. „Ihnen einen schönen Tag wünschen", sagt die Frau etwas entgeistert, aber immer noch lächelnd. „Ach so", kommt es jetzt etwas unsicher aus ihm heraus. So gab diese Frau dem so kühlen Mann etwas, was er noch nie empfunden hat: Wärme. Klingt jetzt sicher für viele Menschen wieder „unrealistisch". Aber mit einem Lächeln kann man Menschen leichter „bekämpfen" als mit Gewalt. Nicht das Auslachen ist hiermit gemeint, aber das Lächeln voller Wärme. Leider ist das in der heutigen Zeit der Fall, dass das Lächeln eher als Provokation angesehen wird. Doch es wäre gut, wenn die Menschen sich dahingehend ändern könnten. Ein Lächeln ist mehr wert als rohe Gewalt. Vielleicht werden viele Menschen das noch verstehen lernen.

Oft fühlt der Mensch sich provoziert, so dass es nicht immer so glimpflich abläuft wie im vorgenannten Beispiel. Es kommt vor, dass wirklich Menschen bewusst provokativ vor einem anderen stehen und sich damit die Aggressionen abbauen wollen, die sich bei ihnen selbst aufgestaut haben. Allerdings muss das nicht immer der Fall sein. Doch wie sollen wir das unterscheiden?

Hierzu geben wir einige Beispiele. Zunächst, wo die Provokation absichtlich getan wird:

Beispiel 1:

Ein junger Mann hasst seine Umwelt, einfach alles. So geht auf seinem Weg alles nur mit Gewalt und Provokation weiter. Ob ein anderer Mensch dabei zu Schaden kommt, ist demjenigen gänzlich egal. Dieser Mann stellt sich allem und jedem in den Weg. „Alle sind schlecht", denkt er, obwohl er die anderen gar nicht kennt und sie auch für den Ablauf seines Lebens nicht verantwortlich machen kann. Doch genau das tut er. So schlägt er alles und jeden, egal, ob das ein armes älteres Wesen ist oder gar Tiere, die nun rein gar nichts für seine Hassgefühle können. Dieser Mensch ist verbohrt und uneinsichtig. Nun muss man hier wieder die Lebensumstände sehen. Aber man kann einen Lebensumstand nicht immer als Entschuldigung für Missetaten nehmen. Wie heißt es doch so schön: Jeder ist seines Glückes Schmied. So auch hier. Mit Verstand und Herz, wenn er dies besäße, könnte er trotz aller widrigen Lebensumstände etwas aus seinem Leben machen.
Jeder Tag ist ein neuer Tag.
Auch hier.

Beispiel 2:

Eine Frau lehnt die Mitmenschen ab, weil sie betrogen wurde. Betrogen durch ihre Familie, von Freunden, von Kollegen, von wem auch immer. Nun sind alle Menschen schlecht. So ihre Weise, die Dinge zu sehen. Provokant läuft sie nun durchs Leben. Provoziert mit Worten Menschen, die gar keinen Anteil an der entstandenen Situation haben. Wieder leiden Unschuldige unter dem Missmut und dem Hass einer anderen Person. Bei Familienmitgliedern provoziert sie mit den Worten: „Na, heute wieder eine andere ins Bett gezogen?", oder „Bist ja genauso wie dein Vater", und und und. Es werden immer wieder Beleidigungen gegenüber anderen kommen und sie wird bewusst diesen Weg gehen, auch wenn ihr das noch weniger Freunde und Freude bringt. Doch unaufhaltsam geht sie auf ihrem „Feldzug" durchs Leben. Provozieren bringt hier gar nichts. Sicherlich wurde sie betrogen, aber dafür kann man andere wiederum nicht verantwortlich machen.

Beispiel 3:

Es geht ein Mann in den tiefsten Abgrund, den man sich vorstellen kann. Er mordet für Geld. Provozierend stellt er sich vor sein Opfer, das vor Angst nicht reden kann. Es stört diesen Mann nicht, dass er so angsteinflößend ist und nimmt sich alles, was er glaubt, dass es ihm allein zusteht. Ob der andere Mensch dabei leidet ist egal, denn er will seinen Willen durchsetzen. Dabei geht er soweit und bringt diesen wehrlosen anderen um, damit er den Tatverdacht von sich abwenden kann. „Das ist nicht nur grausam, sondern weit mehr und wird von Gott gerichtet werden", so meine Engel. „Denn wer tötet, der sieht nicht das Reich Gottes. Amen."

Beispiel 4:

Bewusst sagt eine Frau zu einer anderen Person: „Wie siehst du denn aus?", und tut erstaunt, will aber diese andere nur kränken. Sie ist eifersüchtig und neidisch, dass die andere einen liebevollen Mann gefunden hat, den sie selbst immer noch sucht. So versucht sie, diese andere „klein" zu machen, damit sie ihr Glück nicht genießen kann. Doch das Glück kann nicht zerstört werden, wenn auf dem Wesen kein böser Wunsch liegt. Denn es gibt auch Menschen, die anderen zum Beispiel aus Neid, etwas Böses wünschen. Leider haben viele Leute damit noch Erfolg, denn böse Wünsche sind negative Energien, die leider fruchten können. Doch wie geht das?

„Böse Wünsche sprechen Menschen aus vielerlei Gründen wie zum Beispiel Eifersucht oder Neid aus. Sie tun es in Gedanken, aber leider auch in Werken wie der schwarzen Magie. Die Menschen glauben aber nicht, dass das funktionieren kann, doch es tut es." So die Auskunft der Erzengel und Engel, die mich begleiten.

Das kann doch gar nicht sein, so glaubt das wahrscheinlich 90 % der Bevölkerung, da es unmöglich erscheint.

„Energie funktioniert aber nicht nur positiv, sondern leider auch negativ", kam sofort die Antwort meiner Engel.

„Schlechtes gewünscht gibt dem energetischen Raum Platz für die Verbreitung negativer Einflüsse. Werden sie dann noch mit Zauberkraft verbreitet, ist es doppelt schwer, dem entgegen zu kämpfen. Mit Liebe ist jedoch alles möglich." Ja, das habe ich leider selbst schon einmal erlebt. Sehr schmerzlich sogar.

Aber wie ist das für einen ganz normalen Menschen verständlich, dass das alles so funktioniert? „Mittel und Wege, dies zu bekämpfen, ist die Liebe", bekam ich als Antwort von „oben". „Negatives zieht Negatives an, Positives aber Positives."

Eigentlich ist das einfach. Aber wenn man doch gar nichts davon weiß, wie kann man negative Energien anziehen? „Das funktioniert mit der Zauberkraft der bösen Mächte leider gut. Wie, das erklären wir so: Energetisch gesehen geben die bösen Mächte dem „zu bekämpfenden Wesen" negative Ströme, so dass alles schiefgehen muss. Nun versucht man mit Hilfe der positiven Macht der Liebe, dies zu widerlegen. Aber glaubt der Mensch nicht mehr an sich selbst, weil das Negative schon übermäßig stark geworden ist, verliert er an Kraft. Kraft hat nur der Starke. Hat der Geschwächte keine Kräfte mehr, so geht das negativ gesehene und gesprochene Wort seinen Gang."

Aber das darf doch nicht sein. Natürlich weiß ich leider nur zu gut, wovon meine Engel gerade berichten.

„Gehet weiter, liebt euch und euch kann nichts geschehen", so lautete die Botschaft meiner Engel hierzu.

Provokationen, Missgunst, Eifersucht, sogar böse Wünsche, wo soll das denn noch alles enden? Miteinander friedlich zu leben müsste doch möglich sein! Man kann doch nicht einfach hingehen und anderen etwas Böses wünschen, weil es einem selbst gerade so „in den Kram" passt.

Doch lassen wir weiter die Beispiele des Lebens uns vor Augen halten. Vielleicht finden wir ja die Lösung darin?

Weitere Eigenschaften des Menschen sind die Widerhalle, also die Sturheit, die Bockigkeit, wie auch immer man das nennt, was der Mensch einem entgegenbringt, wenn er seinen Willen durchsetzen will.

Beispiel 1:

Eine Frau geht auf andere zu, doch sie wird immer wieder von falschen Menschen umgeben. Da trifft sie die Entscheidung auf alles bockig zu reagieren, weil sie glaubt, so ein besseres Leben zu haben. Sie stellt sozusagen auf stur. Das Leben ist aber so ausgerichtet, dass man einen freien Willen hat. Doch Sturheit hat damit nichts zu tun. „Diese Frau geht einen armseligen Weg", beschrieben es mir die Engel, die an meiner Seite sind. Denn diese Frau sieht nur, was sie glaubt zu sehen. Sie schaut nicht links, sie schaut nicht rechts, ihr sturer Blick richtet sich nur auf ihren Fokus. So gibt es dies in Vielzahl auf der Erde, dass Menschen nur ihren eigenen Blickwinkel sehen oder nur sehen wollen. Was andere Menschen zu sagen haben, ist egal. Es kann ja nicht sein, dass man ein anderes Denken akzeptieren kann...

Aber das wäre sinnvoll, weil es nicht nur eine Sichtweise auf der Erde gibt. Die Sturheit einer einzelnen Person kann schon viel Negatives bei den Menschen um sie herum bewirken. So bei dieser Frau als Beispiel. Die Menschen, die ihr gut gesonnen sind, stößt sie weg. Das ist dann nicht nur Sturheit, weil andere Personen ja gar keine andere Meinung haben sollten, als die ihre, sondern es bringt auch noch die möglich vorhandene Eigenschaft der Wirklichkeitsverdrängung mit sich. Viele Menschen verdrängen nämlich Dinge, die sie sehen, sogar erkennen, aber nicht erkennen wollen.

Einige wären schon nah am Ziel, würden sie die gewonnene Erkenntnis zulassen. Allerdings verdrängen sie das dann wieder, weil sie etwas als unrealistisch empfinden, vor der Wahrheit Angst haben oder es sich nicht zutrauen, diesen neuen Weg zu gehen. Dabei könnte hier die Lösung mancher Probleme der Menschen liegen. Erkenntnisse, Einsicht, furchtlos den neuen Weg gehen.

Jeder Tag ist ein neuer Tag, auch hier.

Beispiel 2:

Nehmen wir hier einmal einen Mann, der sich auf das „Sagen" anderer verlassen hat. Aus Angst vor allem, aus Zwang, weil er Liebe suchte, sie jedoch nie fand, aus Habgier, weil Luxus der Ersatz für Liebe war, wie und was auch immer er als Grund ansieht, es musste alles genauestens gelingen. Doch es gelingt nicht immer alles, was man sich vorstellt, denn es gibt auch beim Gelingen von Vorhaben verschiedene Argumente, die dafür oder dagegen sprechen. Aber bleiben wir hier bei diesem Fall und der Möglichkeit einen neuen, gescheiteren Weg zu gehen. Dieser Mann wird immer Gründe suchen, um etwas nicht zu tun, nur um den bequemen Weg zu gehen oder gar den falschen Weg. Er glaubt an die Worte anderer Leute, die ihn benutzen. Ganz nah hat er die Liebe vor seinen Augen, aber er stößt diese weg, weil andere ihm sagen, dass das nicht gut wäre und sicher der falsche Weg. Doch das Vertrauen in gute Menschen verlor er, weil falsche Menschen ihn „beruhigen" und benutzen wollten. So ging sein größter Wunsch, die Liebe, niemals in Erfüllung.

Beispiel 3:

Stur sein, das heißt auch, nicht reden wollen oder können, denn man müsste sich dann anderen gegenüber äußern, was man empfindet oder denkt, zu empfinden. „Dass man miteinander – in Ruhe – über alles reden kann, das haben die wenigsten von euch Menschen herausgefunden", so Erzengel Uriel. „Das wäre schon eines der größten Lösungen der Probleme, die Menschen so mit sich tragen. Aber durch ihren sturen Sinn am Lebensweg ist das Leben schon dadurch erschwert, dass man nicht reden will."

Beispiel 4:

Sturheit bedeutet auch Nichtvergeben von Sünden. Sündig wird der Mensch, wenn er Missetaten begeht. Aber viele Menschen halten andere für sündig, wenn sie etwas aus bewusster oder unbewusster Handlung taten. So ist ein Nichtvergeben gegenüber einem anderen auch eine Form der Sturheit. Stur stellt sich der Mensch, der Größe beweisen könnte, in dem er anderen nicht vergibt. Nun muss man nicht alles im Leben verzeihen, aber manchmal kann man es tun. Wenn zum Beispiel eine Frau aus Angst vor dem finanziellen Ruin einmal eine Summe bei einer Bank aufgenommen hat, so muss man ihr das nicht ein Leben lang nachtragen, denn sie hat für ihre Familie gehandelt und nicht nur für sich allein. So kann man ihr vergeben, auch wenn man ihr Handeln nicht ganz versteht. Größe besitzt der, der den Kopf für Liebe nutzt, nicht für das sture Denken und sture Handeln.

Beispiel 5:

Partout will der Mann der Frau nicht verzeihen, die zu ihrer Mutter steht. Er hält sie für starrsinnig, aber sie liebt ihre Mutter. So wird sie ein Leben lang zwischen zwei Stühlen stehen, wenn ihr Mann nicht versteht, was sie will: Die Liebe zur Mutter behalten und pflegen. Es geschieht so oft und so manche Eheprobleme könnten gelöst sein, wenn einer auf den anderen zugeht. Stur jedoch fallen manche Menschen im Alltag mit ihrem Denken und Handeln sinnbildlich gesehen „auf die Nase". Eigentlich möchten sie gewinnen, aber sie verlieren, weil sie starrsinnig durchs Leben laufen.

Aber es gibt nicht nur die Sturheit, die den Menschen als Eigenschaft zu schaffen macht, sondern auch das Lebensmotto ist ein wichtiger Bestandteil. Nehmen wir hier einfach einmal das Beispiel mit dem halbvollen und dem halbleeren Glas. Es ist dieselbe Situation, aber der eine sieht es positiv und somit ist das Glas halbvoll. Der andere wiederum denkt mehr ins Negative hinein und so wird daraus ein halbleeres Glas. Im Vollen liegt positiver Gedanke, im Leeren: Die Leere.

Nicht das negative Handeln allein macht uns dann unglücklich, sondern auch die trüben Gedanken in und um uns herum. So könnte man mit positivem Denken, das positive Handeln nach sich ziehen und alles würde gut funktionieren.

Positiv soll man denken, doch manches Mal geht das nicht so einfach. Viele reden sich etwas schön. Das kann sicher einen positiv beeinflussen, aber auch die Sinne verändern. Zwischen positivem Denken, Wunschdenken und sich alles schön reden, gibt es aber Unterschiede. Positiv denkt der, der nicht ständig trübe Gedanken mit sich nimmt, aktiv versucht, etwas Gutes zu schaffen. Wunschdenken sind Träume, die jeder einmal hat. Ob es ein neues Haus, eine schöne Reise oder einfach ein paar neue Schuhe sind. Träumen darf der Mensch, aber er sollte nicht davon träumen, wenn er sich nur alles schön redet. Ein paar abgelaufene und schon lange getragene Schuhe sehen nun mal nicht mehr schön aus. Für einen Selbst haben sie eventuell noch einen großen Wert, weil man sie sich vielleicht vom ersten selbstverdienten Geld einst kaufte oder wie auch immer.

Schön reden kann man sich auch eine ernsthafte Situation, in der man etwas positiv heraussehen will. Die Gedanken oder das Handeln sind dann zwar ein positives Werk, aber wenn als Beispiel der eine manipuliert wurde, etwas schön klingt, er im Innersten allerdings weiß, dass das so nicht richtig sein kann, sich aber diese Situation gut und schön vorstellen möchte, dann wird es im Leben unwahr. Wahr ist das, was man mit dem Herzen sieht und nicht, was einem als schön erscheint oder dargestellt wird.

Nehmen wir hier einmal eine Situation aus dem alltäglichen Leben. Da kämpft manchmal ein jeder für sich selbst. Der eine sieht etwas, was der andere nicht sieht. Möchte man darauf aufmerksam machen, kommt es immer darauf an, ob der andere es sehen will. Eine Situation wäre das, wenn ein Mann als Beispiel von anderen manipuliert wurde, weil man ihm vorgaukelt, dass die Person A falsch wäre. Der Mann, der diese Person A allerdings schätzt und besser kennt, geht nun einen falschen Weg, da er plötzlich anderen Leuten vertraut, die eine klare Intrige vor Augen haben und sie umsetzen wollen, egal ob andere dabei zu Schaden kommen. So glaubt der Mann an die schönen, wohlklingenden Worte der anderen. Schön malt er sich die Zukunft mit diesen Personen aus, die ihn stark beeinflussen. Dabei stößt er Person A, die gewiss nicht so ist, wie man sie nun darstellt, weg. Er lässt sich blenden, will alles auf einmal anders sehen, was man ihm als besser und schöner beschrieb. Hier kommt es darauf an, inwieweit man beeinflussbar ist. Denn man kann es merken, wenn man auf seine Intuition hört. Doch manche Menschen erkennen es und wollen es nicht erkennen. Leider.

Ein Mensch kann immer träumen. Er kann Tagträume haben, in der Nacht in seinen Träumen etwas Gutes erleben, aber leider sind manche Träume richtig anstrengend. Wir beschreiben einmal das Thema Wunschdenken, denn ein jeder hat so seine Wünsche, die er sich in seinen Träumen erfüllt. Das ist sicher gut, jedoch sollte er nicht seine Sinne dafür benutzen, nur in Träumen zu schwelgen, sondern aktiv versuchen, die Träume wahr werden zu lassen. Natürlich gibt es hier, wie immer im Leben, vielen Menschen nicht die Kraft, dies positiv im Alltag umzusetzen. Wie wir ja schon erfahren haben, gehören dazu Lebensumstände, Eigenschaften eines Menschen, andere, die manipulieren oder gezielt den anderen, der uns liebt oder gut zur Seite stehen möchte, beeinflusst.

Jedoch könnten wir uns mit viel Glauben an die Liebe, an die Macht des Guten, herantrauen. Liebe kann Berge versetzen, Leben erfüllter machen und Wünsche wahr werden lassen.

So als Beispiel eine Frau, Alter uninteressant, die einmal in ihrem Leben gerne mit einem Mann glücklich sein möchte. Oftmals wurde sie enttäuscht, belogen, vielleicht sogar missbraucht, aber sie sehnt sich nach der Liebe. Nun gibt es ja vielerlei Arten von Liebe. In diesem Beispiel geht es um die klassische Form der Liebe zwischen Mann und Frau. Einsam fühlt sie sich und wünscht sich im Traum ihren „Wunderknaben". Groß, stark, blond, er soll einfach liebevoll und toll sein. Da trifft sie einen Mann. Der ist aber nur etwas dicklich, trägt eine Brille, ist dunkelhaarig. Nein, so hat sie sich den Mann nicht vorgestellt und seine Art, die liebevoll ist, stößt sie beiseite. Das ist nicht der Mann in ihrer Wunschvorstellung, das kann er gar nicht sein. Eines Tages trifft sie einen Mann, der genau diesen Wünschen entspricht: Blond, gutaussehend, große Statue. „Wow, das ist er", so denkt sie sich und freut sich nun endlich den Mann ihrer Träume gefunden zu haben. Dass er mit ihr nur einen One-Night-Stand aus reinstem Vergnügen für sich selbst haben will, erkennt sie nicht oder sie will es nicht erkennen, denn wäre sie ihrer inneren Stimme gefolgt, hätte diese ihr das signalisiert. Seine mehr oder weniger arrogante und schleimige Tour hätte sie bemerken müssen.

Auf der Schleifspur hätte man ausrutschen können …

Doch sie lässt sich fallen, im Glauben am Ziel ihrer Träume zu sein. Aber am nächsten Tag ist er verschwunden und ihre Träume stellen sich als Schäume heraus. Traurig, aber es ist eine weitere Erfahrung im Leben für sie. Wochen später trifft sie wieder den anderen Mann, der ihr nach wie vor liebevoll entgegentritt. Zaghaft nähert sie sich ihm an und bemerkt, dass er all die Charakterzüge hat, die sie schätzt. Nur eben das Aussehen ist nicht so, wie sie es gewünscht hat. Nur wie heißt es so schön: Vom schönen Teller allein isst man nicht. Absolut wahr. Aber die Menschen sehen zuerst das Äußere, dann nach längerem erst den „Kern" des anderen. Viele lehnen es ab, mit dem Menschen, der so äußerlich nicht ihren Vorstellungen entspricht, ein Liebesleben auf immer einzugehen. Man könnte ja mit dem dicklichen und Brille tragenden Partner nicht bei anderen angeben. Was sollen denn die anderen sagen? Alles nur, weil andere anders denken oder ihn für nicht standesgemäß halten, was auch immer. Das sollte keiner Liebe im Weg stehen. Diese Frau oder dieser Mann, wenn sie sich lieben lernen, haben allein zu entscheiden, wie und wen sie lieben. Das alleine zählt. Liebe ist mehr als eine flüchtige Äußerlichkeit.

Wir Menschen glauben an die Liebe, aber oft sehen wir sie nicht. Die Liebe könnte so viel Mut machen, Kraft geben, alle Wunden heilen. Doch oft sehen wir sie nicht, obwohl sie vor unseren Augen liegt. So treten wir sie mit Füßen, Beispiele hierzu gibt es genug.

Die Liebe ist ein hohes Gut, das hatten wir ja schon festgestellt. Dass man sie mit Füßen tritt ebenfalls. Ab einem gewissen Grad lassen wir Liebe zu, doch oft blockieren wir sie selbst. Dann entstehen Missverständnisse und Menschen geben einander lange nicht so viel, wie sie könnten. Möglicherweise geht man nie auf die Liebe ein, weil es unserer Meinung nach nicht sein kann oder gar sein darf. Liebe in der Familie, Liebe unter Freunden, liebevolle Gesten fremden Menschen gegenüber. Das alles müsste für jeden von uns machbar sein. Doch wir gehen daran vorbei, ob nun bewusst oder unbewusst. Alles könnte so einfach sein. Wir Menschen machen es uns oft selbst schwer, dabei müsste das gar nicht so sein. Beispiele hierzu folgen:

Beispiel 1:

Die Mutter liebt ihr Kind. Das Kind ist aber von weiteren Personen umgeben, die sagen, es zu lieben. Jedoch tun sie es nicht wirklich. Sie gaukeln der Mutter vor, sie müsse sich schonen, reißen das Kind förmlich an sich. Dabei glauben sie, es entstehe nun eine richtige Bindung auf Lebenszeit zwischen ihnen und dem Kind. Einer tut es, weil er selbst gerne Kinder hätte, es aber wahrscheinlich nie haben wird. Dieser Mensch stößt andere weg, weil er glaubt, wieder mal im Recht zu sein. Ein weiterer glaubt nicht so recht, dass das Kind gut und schön ist, hat gerade selbst ein Kind geboren und meint, nur sein Kind wäre das tollste Kind auf Erden. Hier kommt wieder das Thema Eifersucht ins Spiel, wie auch immer, Menschen finden für alles irgendwie Gründe. Das kleine Kind spürt die Lieblosigkeit um sich herum. Die Mutter liebt es, aber man hält aus allen möglichen niederen Beweggründen das Kind von ihr fern. Da entwickelt sich nicht die Mutter-Kind-Beziehung, die beiden zusteht, die sich lieben. Andere haben hier wieder nur ihren eigenen Vorteil gesehen und womöglich auch gefunden.

160

Beispiel 2:

Missverständnisse in der Liebe können ebenfalls durch Manipulationen anderer entstehen. Da glaubt der eine dem anderen mehr, wie schon oft erwähnt. So hat niemals die Liebe eine Chance, da sie von vornherein als nicht richtig angesehen wird. Es wird Menschen geben, die einem anderen hörig sind. Missverständnisse können entstehen, weil andere es anders darstellen, als es ist. Als Beispiel: Eine Frau, die einen Mann liebt, der bisexuell ist. Die Liebe ist rein von ihrer Seite aus. Sie würde nie etwas tun, was ihm schaden könnte. Sein Partner sieht das anders und er beginnt Intrigen zu spinnen. Die gehen soweit, dass die Freundschaft daran zerbricht, die mit Liebe gut weiter hätte bestehen können. Da die meisten Menschen Liebe mit Sex immer noch verwechseln, entstehen Situationen und angebliche Liebestaten, die nie entstanden sind und nicht entstanden wären, weil die Liebe viele Möglichkeiten bietet. Nicht nur als sexuelles Verlangen.

Beispiel 3:

Ein Mann geht aus Eifersucht auf eine Frau los. Er will sie demütigen, doch er schafft es nicht. Sie ist eine stärkere Persönlichkeit, als er glaubt. Der Mann meint, sie betrüge ihn, doch sie tut es nicht. Aus Angst, sie hätte die Liebe ihres Mannes schon längst verloren, gibt sie nach, als ein anderer Mann sie umschwärmt. Sie küsst ihn sehr leidenschaftlich, geht aber keinen Schritt weiter, da sie eigentlich ihren Mann liebt. Doch man hat sie beobachtet und dem Mann gesagt, seine Frau betrüge ihn. Da geht er hin und gibt sich anderem hin. Aus Eifersucht, aus Rache, wie auch immer. Es kommen nun viele Missverständnisse in ihrer Beziehung auf, sei es, weil sie überarbeitet sind, belastet durch die Äußerungen anderer, wie und was auch immer an Beweggründen da sein mag, hätten sie miteinander geredet, hätten sie nicht anderen vertraut, so wäre es zu keiner Zeit zu „Entgleisungen" in der Ehe gekommen. Sie hätten einander mehr Vertrauen schenken können. So kommt dann eins zum anderen und sie geben sich Dingen und Situationen hin, die eigentlich mit ihrem Herzen nicht zu vereinbaren sind. Missverständnisse stolpern in ihr Leben und könnten die gemeinsame Zukunft sogar in Gefahr bringen. Wäre da die Liebe nicht. Denn Liebe kann sie zur Umkehr führen und wieder auf dem Pfad der Liebe wandeln lassen. Alles könnte so einfach sein. Liebe ist das höchste Gut.

Beispiel 4:

Ein Mann geht zur Arbeit. Er will diese Arbeit gut verrichten und tut alles, was man ihm sagt. Da kommt ein anderer Kollege ins Spiel, der es nicht verträgt, dass nun dieser erste Mann sehr gut mit allen zurechtkommt. Er neidet diesem Mann alles, auch nur, dass er freundlich grüßt und man nett seinen Gruß erwidert. Neid, Eifersucht und sogar Rachegefühle kommen auf. „Das darf nicht sein", so dreht es sich im Kopf des zweiten Mannes. Nun wird er mal wieder Mittel und Wege suchen, um dem ersten Mann zu schaden.

Dabei kommt es zu folgendem Missverständnis: Der erste Mann geht in die Pause. Nach einer halben Stunde geht er zurück an seinen Arbeitsplatz. Dort findet er ein zerschnittenes Teil vor, das ihm der zweite Mann während seiner kurzen Abwesenheit dorthin gelegt hat. Es ist ein Teil, das in einer der Maschinen, die der Mann

162

für seine Arbeit braucht, enthalten sein sollte. Der erste Mann geht zurück an die Maschinen, mit dem zerschnittenen Teil in der Hand. Sofort wird er von einem anderen bezichtigt, dieses Teil selbst zerstört zu haben, um seine Arbeit zu blockieren. Nun versucht der erste Mann, dieses Missverständnis aus dem Weg zu räumen. Doch man glaubt ihm nicht, denn zuvor hatte der zweite Mann behauptet, er hätte gesehen, dass der erste Mann das Teil zerschnitten hat. Dazu hat er nur das Gerücht gestreut, der erste Mann wolle seine Arbeit nur manipulieren. Wenn andere dem zweiten Mann dann eher glauben, wird es für den ersten Mann wieder schwer sein, das Gegenteil zu beweisen. So passiert das häufig im Alltag des Lebens.

Da geht es wieder um Vertrauen, Achtung und ob man etwas mit dem menschlichen Ermessen belegen kann. Leider wird noch viel zu viel den falschen Menschen geglaubt.

Beispiel 5:

Missverständnisse kommen aber schon in der Schule auf. Der Schüler A ist ein guter Schüler, doch das mögen die anderen nicht. Da wird er dazu „auserkoren" dem Lehrer einen Streich zu spielen. Davon weiß der Schüler A jedoch selbst gar nichts. Seine Mitschüler machen ihn zum „Sündenbock". Der Lehrer glaubt den anderen, weil ja so viele nicht lügen können …

Schüler A hat sich auf seinen Platz gesetzt. Schüler B und C haben dem Lehrer Seife auf den Stuhl geschmiert. Die Seife wird der Lehrer aber nicht bei Schüler B und C finden, sondern diese wurde in einem kleinen unaufmerksamen Moment in die Tasche von Schüler A gelegt. So wird hier das Missverständnis nie aufgelöst werden, wenn nicht mindestens einer es wagt, sich gegen die boshaftigen Mitschüler „durchzusetzen" und sagt, was wirklich passiert ist.

Beispiel 6:

Auch können Missverständnisse unter Freunden geschehen. Aber oft ist es auch hier so, dass andere daran „gedreht" haben. So bei den Freunden A, B, C und D. Freund A geht auf eine private Schule, weil seine Eltern das so wollen. Er freundet sich mit B, C und D an. D ist ärmlicher Herkunft, die anderen B und C nicht. Diese Schüler wissen nicht, was es bedeutet ohne Geld zu leben. Nun will A seinem Freund D gerne helfen. Sie gehen nicht auf dieselbe Schule, sind aber im gleichen Alter. Den Schülern B und C gefällt diese Freundschaft nicht. Sei es aus dem Grund der Eifersucht oder einfach, weil sie in ihren Augen nicht standesgemäß ist. So stellen sie eine Situation her, in der D glauben muss, dass A ihn verhöhnt. Abwertend sprechen sie über D. A spricht in einem ganz anderen Zusammenhang über andere Mitschüler, doch nicht über D. Doch Schüler B und C bekommen das so hin, dass D glaubt, es ginge um ihn. Weinend sitzt D nun in einer Ecke und glaubt, dass A nur mit ihm und seiner Freundschaft gespielt hat. Da wird sich zeigen, ob A die anderen zur Rechenschaft ziehen kann und ob D ihm glaubt und sie ihrer Freundschaft neuen Mut geben.

Beispiel 7:

Weiter können Missverständnisse auch unter Verwandten vorkommen. Da gibt eine Frau ihrer Schwester Geld, da diese ärmer ist als sie. Nun glaubt sie, alles, was die Schwester sich kauft, geschieht mit ihrem Geld. Dabei ist es gar nicht mehr ihr, denn sie hat es der Schwester geschenkt. So achtet sie ihre Schwester jetzt nicht mehr so, weil in ihrem Kopf sich etwas abspielt, das nicht so ganz der Wahrheit entspricht. Doch sie bastelt sich ihre Wahrheit. Getrieben von den negativen Äußerungen anderer entsteht nun ein falsches Bild. Missverstehen ist hier, dass sie glaubt, nur mit ihrem Geld könnte die Schwester sich etwas „leisten". Die Schwester ist zwar arm, aber nicht so arm, dass sie sich nur etwas vom Geld der Schwester kaufen muss. Da wird sich wieder zeigen, inwieweit man anderen, die einem etwas „ins Ohr flüstern" glaubt, auf seine innere Stimme hört oder der Schwester, die man liebt, einfach vertraut.

Beispiel 8:

Missverständnisse entstehen, wenn Menschen nicht richtig zuhören. Da sagt A etwas zu B. B hört aber gerade woanders hin oder ist in Gedanken ganz woanders. So wird B alles falsch verstehen, gibt es dann an Dritte noch anders weiter und schon entsteht mehr als nur ein Missverständnis. Zwietracht, Unmut, Ungerechtigkeit, alles Mögliche kann daraus entstehen. Das muss alles nicht sein. Leider wird es das immer wieder geben, dass durch solches Nichtzuhören Missstände entstehen. Auch hier kommt es darauf an, inwieweit andere etwas glauben oder glauben wollen, was so alles erzählt wird. Vertrauen, Liebe, Zuneigung. Alles könnte besser sein im Leben und vor allem friedlicher.

Es gibt aber nicht nur Missverständnisse auf der Welt, sondern auch viele Vorurteile und Urteile, die so nicht richtig sind. Sie werden oft getroffen, ohne Beweise, ohne Nachdenken. Für alles wollen die meisten Menschen Beweise haben, aber das Unschuldige für Taten, die sie nie getan haben, an den Pranger gestellt werden, ohne dass es für ihre „Schuld" nur den geringsten Beweis gibt, ist für diese Leute dann normal. Wären sie selbst in einer solchen Lage, dann würden sie Gerechtigkeit liebend gerne fordern. Doch wie viel Leid wird man Menschen zufügen, wenn sie unschuldig einer Tat oder Handlung bezichtigt werden? So gehen schon viele Menschen in ein Gefängnis und haben nichts wirklich getan. Vielleicht waren sie nur am falschen Ort, zu einer falschen Zeit oder hier hat man sie eines Handelns bezichtigt, was sie gar nicht getan haben. Das ist schon häufig passiert.

Hinzu kommen die Aussagen von Leuten, die andere nur „decken" wollen, weil sie vielleicht selbst etwas getan haben, was sie belasten könnte.

Aber auch Vorurteile gegenüber anderen gibt es. So hier einige Beispiele.

Beispiel 1:

Ein Kind trägt eine Brille, damit es eben besser sehen kann. Schon stehen einige Mitschüler um das arme Wesen herum und lachen: „Brillenschlange, Brillen-schlange". Das Kind weint, doch die anderen werden wahrscheinlich noch einmal „nachtreten" und es mit weiteren Worten quälen. Müssten sie selbst eine Brille tragen, wäre das vielleicht schlimm für sie, aber sie wür-den es als „cool" darstellen und es anderen „schmack-haft" machen, um von ihrer eigenen Unsicherheit und Schwäche abzulenken.

Beispiel 2:

Eine Frau hat ein kürzeres Bein und hinkt. Durch einen Geburtsfehler hat sie dies erlitten. Ärzte konnten oder wollten ihr nicht helfen. Als kleines Mädchen schon hat sie unter den bösartigen Sprüchen ihrer Mit-schüler leiden müssen. Nun ist sie eine erwachsene Frau und trotzdem leidet sie unter den dummen Be-merkungen anderer Erwachsener, denn es ist egal, ob man jung oder alt ist, es trifft einen jeden, wenn andere über die eigene Person lästern. Da wird es keine Aus-nahme geben, außer man ist wirklich so „cool" …
Diese Frau nun lebt zurückgezogen, weil sie sich von Anfang an als „behindert" vorkommt. Man hat ihr das unmissverständlich mit auf den Lebensweg gegeben. Sie wünschte sich einen liebevollen Mann, doch auch da war ein hinkendes Bein für die meisten eher abstoßend. Nun wird sich zeigen, inwieweit Menschen einfach auf andere zugehen, sie liebevoll behandeln und ein „Hin-dernis" gar nicht so sehen, wie andere es sehen wollen.

Beispiel 3:

Ein Mann geht auf andere Menschen ziemlich unsi-cher zu. Man nennt das Schüchternheit. Er ist gut erzogen, lebte lange bei den Eltern und hatte noch nie eine Geliebte. Ob nun in der Schule, am Arbeitsplatz, im Freundeskreis, wenn er einen hat, er wird ständig darauf aufmerksam gemacht, dass er sich endlich von allem lösen sollte. Von seinen Eltern, von seiner Schüchternheit, ja er solle aus sich herauskommen. Was hier Menschen wieder nicht haben, ist Respekt vor anderen. Dieser Mann ist einfach nur schüchtern, dass muss nichts mit seinen Eltern zu tun haben. Er liebt seine Eltern und sie lieben ihn, das ist gut so und soll so sein. Wenn ihm nicht gleich bis 18 Jahre die Frau fürs Leben über den Weg lief und er auch sonst keinerlei Ambitionen darauf hat, so ist das ihm alleine überlassen. Das Leben, was er führt, ist seine Entscheidung und nicht das Leben, was andere glauben, für ihn aussuchen zu müssen. Jeder darf frei entscheiden, wen er liebt, wann er das tut und ob er es tut. Man kann und sollte einem anderen nicht vorschreiben, wann er sich entscheidet sein Leben zu „meistern". Wenn man etwas sieht, was man glaubt, dass es demjenigen nicht hilft oder nicht gut tut, kann man den Menschen darauf hinweisen, aber man sollte ihn niemals dazu zwingen etwas tun zu müssen, was er selbst nicht möchte. Respekt vor dem Leben des anderen ist hier geboten.

Es gibt nicht nur Vorurteile, die Menschen schnell fertigen, sondern auch Meinungen = das, was sie in ihrem Kopf haben an Glauben und Werken. So hat aber leider nicht jeder seine eigene Meinung, die er sich bildet, sondern die Meinung anderer manifestiert sich dort, wo er selbst denken sollte. Aus den verschiedensten Gründen wird der Mensch hingehen und keine eigene Meinung wirklich vertreten, da er sich abhängig macht von den Gedanken und Werken anderer. Egal, ob er einfach anderen Menschen gefallen möchte, vielleicht in einer Partnerschaft nur seine Ruhe haben will, weil der andere auf seinem „Recht" immer pocht, wie auch immer. Jeder Mensch sollte selbst sich Gedanken machen und den Zielen anderer nicht hinterherlaufen. Aber wir haben ja schon festgestellt, dass dies immer wieder passiert, dass anderen mehr Glauben geschenkt wird. Warum auch immer.

Es gibt verschiedene Beispiele hierzu:

Beispiel 1:

Eine Frau lebt lange schon mit einem Mann zusammen. Sie denkt über viele Dinge anders als er. Ihr Mann ist aber jemand, der immer nur das gelten lässt, was er tut und sagt. Andere sind nichts für ihn. Purer Egoismus oder vielleicht Selbstschutz, weil man damit „besser" fährt? Egal wie, diese Frau hat ihre eigenen Gedanken, Wünsche, Werke, was auch immer, verdrängt, um seine Meinung zu vertreten. Sie tut es, um in Ruhe mit dem Mann zu leben, da ihr Leben nicht immer harmonisch verlaufen ist. Doch jetzt ist es keineswegs harmonisch, denn sie unterwirft sich ihm und seinen „Rechten". Die ersehnte Ruhe wird sie nicht finden, da sie sich selbst aufgibt und dem folgt, was sein Ideal ist, aber noch lange nicht ihres. Hier könnte sie sich „auflehnen" und sagen, was sie denkt und will. Denn auch ihr freier Wille wird hier gebrochen sein. Sie gibt zwar vor, dass sie so denkt, aber das ist nicht so. Würde sie sich nun auflehnen, so würde sie vielleicht gewinnen, in dem der Respekt wieder zurückkehren würde, denn Respekt hat dieser Mann nicht vor ihr, obwohl er vorgibt, sie zu lieben. Liebt man, so respektiert man. Das ist hier wahrscheinlich nicht gegeben. Doch wenn die Frau Angst hat sich aufzulehnen, weil sie riskieren würde, den Partner zu verlieren, weil sie aus dieser Situation nicht mehr heraus kann, wird sie genauso unglücklich sein, wie sie es nie wieder sein wollte.

Beispiel 2:

Ein Kollege sagt, dass der Chef dumm sei und er meint, hierdurch sich Respekt verdienen zu können, weil ja sonst niemand die „Wahrheit" über den Chef äußert. Es wird Menschen geben, die ihm nun folgen, sei es, weil sie genauso denken wie er oder weil sie nur wollen, dass sie ebenso „cool" sind wie dieser Mann, der ja angeblich so „stark" sich zeigt. Weit gefehlt! Wer so eine „Stärke" zeigen muss, ist einfach nur armselig. Traurig hieran ist jedoch, dass auch er es schaffen wird, andere an sich zu binden und „umzustimmen". Hier wird sich zeigen, inwieweit Menschen bereit sind, dem zu folgen oder vielleicht doch lieber ihre eigene Meinung vertreten. Denn, wer andere denunziert, weil er die Meinung eines anderen hat, wird mit der Situation nicht glücklich werden. Vielleicht wird er sogar zum Chef zitiert und für die vom anderen gemachten Äußerungen verantwortlich gemacht, weil andere im letzten Moment „den Schwanz eingezogen haben". Das ist schon oft im Leben passiert. Trotzdem laufen andere den Idealen anderer noch hinterher.

Beispiel 3:

Ein Mann lernt einen anderen Mann kennen. Der hat so viel, was er nicht hat und er lässt sich berauschen von all dem Schönen, was er sich leisten kann. Da kommt ein anderer Mann in ihr Leben und der gefällt dem zweiten Mann sehr gut. Doch er erlebt mit ihm nicht das, was der andere ihm bieten kann. Eigentlich wollte er gerne mit ihm eine Freundschaft aufbauen, weil er ihn sehr mochte. Der Mann, der ihm alles ermöglichen kann, wovon er geträumt hat, gibt vor, dass dieser andere Mann nicht gut sei und es besser ist, man würde keinen Kontakt mehr zu ihm haben. Verpackt in schöne Worte und Manches anders dargestellt, als es wirklich ist, gibt der Mann seine eigene Meinung auf und folgt auch hier wieder dem Denken und Handeln eines Menschen, der nur seine eigenen Ziele verfolgt. Leider. Hier könnte sich wieder zeigen, inwieweit man sich manipulieren lässt oder vielleicht lieber seine eigene Meinung lebt.

Beispiel 4:

Vater und Sohn wollen eine Gesellschaft gründen, da beide dieselben Ambitionen haben.

Nun hat der Vater allerdings ganz andere Vorstellungen als der Sohn. Es wird sich zeigen, ob der Vater dem Sohn seine Meinung aufdrängt, ob der Sohn ihm folgt. Hier gibt es sogar verschiedene Möglichkeiten, wie das geschehen kann.

Der Vater denkt anders als der Sohn. Die Erziehung des Sohnes hat er stets mit strenger Hand geführt. Auch der Vater ist hier in diesem Beispiel jemand, der sehr herrschend sein will. Nur was er sagt, ist richtig und muss so gemacht werden. Lehnt der Sohn sich auf, riskiert er den Rauswurf aus der Gesellschaft und somit ein recht gutes Leben in finanzieller Sicherheit. Geborgenheit und Wärme fehlte, doch für Geld als Liebesersatz tut der Sohn eventuell alles und wenn er dazu seine eigene Meinung aufgeben muss. Es gibt in diesem Falle die Möglichkeit, dass der Vater den Sohn so sehr liebt, dass er ihn nicht verlieren will. Vielleicht wird er aus diesem Grund seine eigene Meinung aufgeben und das tun, was der Sohn will, damit er den Sohn nicht verliert. Ob so oder so, es wird sich hier ebenfalls zeigen, ob der andere die Machtposition übernimmt oder die beiden gemeinsam respektvoll miteinander umgehen, wie es sein sollte.

Anderen Idealen zu folgen kann gut sein, muss es aber nicht. Verliert man seine Gedanken und vor allem sein eigenes Handeln dabei, ist das für keinen gut, denn man verletzt nicht nur sich selbst, sondern auch andere mit diesem Werk des Nichthandelns. Denn das ist es. Ein Nichthandeln. Man agiert und reagiert so wie andere es möchten. Der eigene Wunsch ist das nicht und man wird damit nicht glücklich sein.

Es gibt noch viele Beispiele, wie man die Meinung anderer Menschen vertritt, doch das würde hier den Rahmen sprengen. Nur sollte jeder sich gut überlegen, ob es in seinem Sinne ist, was gerade passiert, denn wie schon erwähnt, kann man anderen und sich selbst sehr schaden durch die Nichtvertretung der eigenen Meinung.

So nehmen wir hier als Beispiel einmal, wie man sogar Menschen, die man liebt, sehr verletzen kann durch das schwache Bild, das man von sich selbst wiedergibt, wenn man nur anderen Meinungen Glauben schenkt.

Beispiel 1:

Eine Frau liebt ihre Schwester. Aber da sie auf die Meinungen der anderen Leute hört, die sich in ihrem Umfeld befinden, vertreibt sie die eigene Schwester. Das ist dann zwar im Sinne der anderen, aber wahrscheinlich nicht in ihrem eigenen Sinne. Dabei versucht die Schwester immer wieder auf sie zuzugehen. Jedoch hört die Frau gar nicht erst richtig hin, was die liebende Schwester sagt, denn im Hintergrund steht jemand, der alles mithört. Sie müsste ja zugeben, dass ihre Schwester ihr viel bedeutet und da sind noch die vielen anderen, die schlecht über die Schwester reden. Da könnte das ein oder andere stimmen …

Gehen Menschen so geschickt oder ungeschickt mit den Gefühlen der Liebe um, so müssen sie sich nicht wundern, wenn sie keine Liebe mehr spüren, denn sie verstoßen sie selbst. Die Menschen, die so tun, als ob sie gut gesonnen und vor allem besonnen sind, geben keine wirkliche Liebe, sondern vertreten nur Unmut und säen Hass, wo Liebe sein sollte. Die verzweifelte Schwester wird weggestoßen und hat keine Chance, der Schwester die Liebe zu geben, da dies außer Acht gelassen wird.

So gibt es nicht nur Lieblosigkeit, sondern auch Missstände, die man als Gefühlslosigkeit bezeichnen kann. Wahrlich ist dies kein Ausdruck von Liebe. Hier geht der Mensch sehr falsche Wege. Es wird sich zeigen, ob

Liebe stärker ist. Ob das „Zuflüstern" anderer mehr Wert hat als die Liebe. Wer liebt ist stark genug, um sich allem zu widersetzen. So auch den Meinungen anderer Leute.

Beispiel 2:

Ein Mann trifft eine Frau, die er schätzen lernt. Sie gibt ihm viel, vor allem hat sie eine liebevolle Art, die ihm ungewohnt erscheint. Wieder passiert es, dass andere Menschen das aus den verschiedensten Gründen nicht gerne sehen. Schon werden auch hier wieder die Meinungen anderer entscheidend sein und inwieweit der Mann beeinflussbar ist. Geht er seinem Herzen nach oder dem „Wohlgefallen" anderer.

Nun wird sich entscheiden, ob dieser Mann, der nicht mehr weiß, was er für richtig hält und den anderen folgt, die Frau verletzt. Das kann er durch Worte und Werke tun. Wahrscheinlich wird er hingehen und ihr lieblose Worte an den Kopf werfen, sie für etwas wieder verantwortlich machen, was sie nicht getan hat. Und das geschieht aus nur einem einzigen Grund: Weil andere ihm das eingeflößt haben. Schade, aber das passiert leider immer wieder im Leben.

Beispiel 3:

Freundin A hat die besondere Gabe des Kartenlegens erhalten. Ihre langjährige Freundin B glaubt zwar ein wenig daran und ging schon einmal zu einer anderen Frau, die Karten legt. Nun erzählt sie dies im Bekannten- und Kollegenkreis und dort sind die meisten Leute nicht davon überzeugt, dass so etwas stimmt, was da ans Tageslicht kommt. „Humbug, Quatsch. Kann ja nicht sein", und und und. Was auch immer gesagt wird, sie glauben an diese Möglichkeit der Wahrheit nicht. So lässt sich Freundin B dazu hinreißen und wird fortan alles anzweifeln, was Freundin A ihr sagt. Nun weiß Freundin A, dass nicht jeder das Kartenlegen respektiert. Dass eine Freundin, die sie seit über 30 Jahren kennt, sie dafür denunziert und ihr abverlangt, doch Beweise sofort zu liefern, verletzt sie. Wie soll sie sofort Beweise „liefern", wenn das, was kommt, nicht gleich in den nächsten Tagen geschieht? Sie sieht als Beispiel in den Karten, dass Freundin B noch einmal einem Mann begegnet, der älter ist als sie und dass sie wieder heiraten wird. Freundin B, getragen von den Zweifeln anderer und einer gescheiterten Ehe im Hinterkopf, gibt Freundin A keine Chance, sondern glaubt, was andere sagen oder sie selbst zu wissen scheint. Dies allein ist richtig. Aber sie erwartet von Freundin A, dass sie ihr alles sagt, wie es dazu kommt, wie das alles funktioniert und und und.

Eigentlich interessiert sie das Thema, trotzdem wird sie immer alles weiter anzweifeln, obwohl Freundin A geduldig ist und ihr gerne helfen möchte. Freundin A müsste nach allem, was Freundin B ihr an den Kopf geworfen hat, nicht mehr mit ihr reden oder ihr gar die Karten legen. Doch sie macht es, um der Freundin einen Gefallen zu tun. Keinesfalls will sie die Freundin überreden an das, was ihre Gabe ist, zu glauben. Dass die fremde Kartenlegerin, die sie einmal besuchte, dasselbe gesagt hat wie Freundin A macht sie zwar stutzig, aber das Gerede der anderen, die ja „realer" denken, ist ihr offenbar wichtiger. Mit Worten und ohne Respekt attackiert sie Freundin A. So verletzt Freundin B ihre langjährige Freundin A sehr. Ein Mensch wird verletzt, den man schon so lange kennt, dem man eigentlich vertrauen sollte. Nun vertraut man aber nicht, weil andere das, was dieser Mensch tut, für irreal halten.

Sie will Beweise und das sofort. Dass die andere Kartenlegerin dasselbe sagte und diese Damen sich gar nicht kennen, Freundin A auch gar nichts von dieser Kartenlegerin wusste, genügt ihr nicht als Beweis. Hier wird sich zeigen, ob Vertrauen zu einer Person, die gut ist, reicht, um eine Freundschaft, die nun keine richtige Freundschaft durch andere mehr ist, hält. Vertrauen schenken ist eine besondere Gabe. Man sollte nicht jedem vertrauen. Hört man aber auf seine innere Stimme, so sollte man wissen, wem man Vertrauen gibt, auch ohne Beweise.

Beispiel 4:

Eine Frau ist gutmütig. Sie tut alles für andere, vor allem im Job wird sie gerne von anderen Kolleginnen ausgenutzt. „Ach, mach´ doch das bitte mal. Du kannst das doch so gut", und und und. Sie lässt sich ständig gerne von anderen „weichkochen", um eventuell nur die Arbeit zu tun, die andere als eher lästig ansehen. Doch da sie sehr gutmütig ist, wird sie es mit sich machen lassen. So geht das sehr lange und aus der gutmütigen Frau wird ein Opfer für die Kolleginnen, denn sie werden sie permanent für ihre Zwecke benutzen. Da gibt es immer wieder Leute, die sie auslachen und denunzieren. Andere lästern über das „dumme Schaf". Es kommt der Zeitpunkt, da wird sie nicht mehr ernst genommen. Sie kann tun, was sie will, es wird niemand mehr ihr den Respekt geben, der ihr zusteht. Wieder wird es Menschen geben, die über sie herziehen, auch die, die ihr eigentlich – nach außen hin – gut gesonnen sind. Vor allem werden sie nun im Beisein von anderen über sie reden. Und das wird anders sein, als es ist, wenn sie diese gutmütige Frau alleine antreffen. Diese Menschen ändern ihr Verhalten von einer Sekunde auf die nächste.

Die Frau ist nicht dumm, aber sie wird nun so oft verletzt werden, dass es ihr gefühlsmäßig schlecht geht. Das Verhalten der anderen kränkt sie, es schadet ihr, doch sie tut so, als ob das „normal" sei. Sie ist innerlich jedoch zerrissen. Die Menschen, die ihr vorgaukeln, es gut mit ihr zu meinen, können sogar viel Unheil anrichten, denn die Frau vertraute, wo sie dachte, es zu können. Nun wollen die anderen – zumindest äußerlich – so sein, wie die Menschen, die angeblich das „Wissen und Recht gepachtet haben". So werden sie „mitreden", wenn es darum geht, diese gutmütige Frau zu verleumden. Ein widerliches Handeln.

Leider ist es ein immer wiederkehrender Prozess im Leben, da Menschen so sind. Sie sagen, dass sie Freunde sind, vielleicht sind sie es. Doch dann kommen andere und man folgt ihnen, weil sie nicht so dastehen wollen, wie diese Frau als Beispiel: Dumm. Denn man sagt, diese Frau sei dumm, dabei sind sie es, die viel dümmer sind. Die, die ihr Vertrauen missbrauchten und die, die von vornherein glauben, glücklicher und besser zu sein als diese Frau. Unheil bringen die, die ihr Freundschaft nur vorgaukeln. Auch in dem sie all die Dinge, die diese gutmütige Frau ihnen anvertraut hat, an andere weitergeben. Ja, sie werden sogar darüber lachen, worüber sie vorher mit ihr geweint haben.

Man könnte jetzt hingehen und das als „normal" bezeichnen, aber das ist es nicht. Es ist der falsche Weg. Spätestens wenn „der Spieß umgedreht" würde und diese dummen Menschen in einer solchen Lage wären, würden sie das Unheil und die Pein spüren. Hier könnte man a) das Vertrauen, das einem einst geschenkt wurde, nicht missbrauchen und b) seine eigene Meinung vertreten. Manchen Menschen ist dies allerdings zu unbequem.

Was man dieser gutmütigen Frau angetan hat, kann man eigentlich nicht mehr gut machen an ihr. In den Köpfen der anderen, egal, ob es diejenigen waren, die sie von vornherein „abgestempelt" haben oder diejenigen, die „nur" davon hörten, es wird immer alles irgendwie „hängenbleiben". Schade, aber leider die Realität des Alltags.

Beispiel 5:

Man kann einem Menschen ebenfalls Schaden zufügen, wenn man ihn liebt. Da man gerne dem folgt, der nur Böses im Sinn hat statt auf sein Herz zu hören, wird man den liebsten Menschen verletzen.

So hier das Beispiel: Der Bruder liebt seine Schwester, aber er ist mit einer Frau verheiratet, die auf seine Schwester eifersüchtig ist. Er liebt beide Frauen, aber jede auf ihre Weise. Der Mann kommt in die „Zwickmühle". Eigentlich will er keine verletzen und keine verlieren. Doch seine Frau gaukelt ihm vor, was die Schwester alles falsch gemacht hat und was sie eigentlich sei …

Völlig aus der Luft gegriffene Dinge werden „herausgekramt". So gibt die Ehefrau vor, die Schwester würde ihr schaden. Da bekommt die Ehefrau „Oberwasser", weil sie auch noch ein Kind von ihm erwartet. Der Mann möchte sein Kind aufwachsen sehen, einfach bei ihm sein. So entscheidet er sich schweren Herzens dafür, seiner Schwester weh zu tun. Obwohl es ihn schmerzt, beleidigt er sie. Es tut ihm leid, aber er sagt es nicht. Nun handelt er genau so, wie er es vom Herzen her gar nicht will. Nun scheint es für alle das Beste zu sein. Warum die Ehefrau so eifersüchtig ist auf die Schwester, weiß sie vielleicht selbst nicht. Hier kommt einiges zusammen: a) die Ehefrau ist eifersüchtig, b) der Mann folgt ihrem Willen, aber nicht seinem eigenen, c) die Schwester wird dargestellt als jemand, der sie gar nicht ist, d) der Bruder verletzt die Schwester, obwohl er sie liebt. Es wird viel Unheil und Unrecht geschehen. Die Ehefrau könnte ihre Eifersucht bändigen, in dem sie dem Mann nicht das liebste Wesen wegnimmt: Seine geliebte Schwester. Sie könnte dem Mann wahre Liebe zeigen, in dem sie ihm die Liebe zur Schwester lässt. Doch auch hier gibt es wieder die Hasserfüllung mancher Leute, die das Leben schwer machen.

Beispiel 6:

Ein Mann (A) ist mit einem anderen Mann (B) lange Zeit befreundet. Dann kommt ein dritter Mann (C) hinzu. Diese Freundschaft wurde aus Mitleid geschlossen, denn Mann A ist ein gutherziger Mensch. Freund B, sein langjähriger Freund, wundert sich über das Verhalten des Mannes A, denn seitdem der dritte Freund dazukam, verhält er sich ihm gegenüber anders. So kann Freund B das nicht verstehen, aber es kommt ihm vor, als sei A ein komplett anderer Mensch, wenn er mit C zusammen ist.

Das kann richtig sein. Nicht nur in diesem Beispiel verhält sich der Mensch anders, wenn andere zugegen sind. Warum das so ist, wissen manche Menschen selbst nicht, weil sie die äußere Veränderung und ihr verändertes Wesen nicht direkt erkennen. Weist man denjenigen darauf hin, kann es sein, dass dieser beleidigt reagiert oder abweisend ist. Viele reagieren so, weil sie einem anderen hörig sind. Das verletzt andere Menschen, die er lange Jahre kennt und immer gut mit ihnen zurechtkam, bevor der andere „ins Spiel kommt". Leider ist dies häufig verbreitet.

Hier könnte bei diesem vorgenannten Beispiel der Mann A sein Verhalten einsehen und sich bei B entschuldigen oder sich zukünftig wieder so verhalten, wie er es tat, bevor C „auftauchte". Sieht er das Fehlverhalten nicht ein oder will es nicht sehen, so riskiert er die Freundschaft zu B. Da wird sich herausstellen, was ihm wichtiger ist. Die Freundschaft zu B oder zu C. Auch wird sich herauskristallisieren, ob der langjährige Kontakt zu B ihm wichtiger ist als die doch gelungene Hörigkeit gegenüber dem anderen. Des Rätsels Lösung ist in jedem Fall: Vertrauen und die Liebe zum Freund B.

Es gibt hier wieder vielerlei Möglichkeiten, wie man andere Menschen, denen man eigentlich sehr nahe steht, verletzen kann. Immer sollte man eines nicht verlieren, was wichtig ist: Die Liebe und das Vertrauen.

Aber es kommt immer wieder vor, dass andere Leute eine große Rolle im Leben spielen, und zwar die Leute, die anderen von vornherein schaden wollen. Sei es aus Hass, aus Eifersucht, weil sie es nicht anders von Zuhause aus kennen. Warum und wieso auch immer, es wird Situationen geben, wo andere Menschen verletzt werden, obwohl sie eigentlich nur Liebe und Freundschaft empfangen sollten.

Das Zusammenleben oder Zusammenspiel ist oftmals nicht so einfach. Verschiedene Wesensarten, verschiedene Lebensumstände, verschiedene Lebenseinstellungen, verschiedene Eigenschaften der Personen. Wie auch immer, manchmal macht das Leben leider alles komplizierter, als es sein könnte, wenn Menschen anders miteinander umgehen würden.

So entstehen schon viele Missstände durch das von vornherein Ablehnende. Sei es, weil der Mensch heutzutage die Last des Alltags nicht mehr bewältigen kann, seine Eigenschaften ihm im Weg stehen. Was immer es sein mag, Mensch sein bedeutet manchmal sogar Schwerstarbeit leisten. Und doch lohnt sich das Leben.

Es ist nicht nur so, dass Menschen sich seltsam im Beisein anderer benehmen und ihr Verhalten dann ändern, wenn die anderen für die Gesellschaft in ihren Augen „nicht tragbar" sind. So kann es auch hier vielerlei Gründe geben. Die Eigenschaft der Boshaftigkeit zum Beispiel, die Mancher in sich trägt. Das kann in den Genen liegen oder angeeignet sein. Egal wie, es wird Menschen geben, die auf andere „losgehen", ob nun mit Worten oder in Werken.

Es wird sicher noch viele Beispiele geben. Aber es sind nur ein paar Beispiele aufgeführt, wie es im Leben oftmals vorkommt.

Beispiel 1:

Eine Frau hat sogenannten „Standesdünkel". Sie glaubt, weil sie eine „gute Kinderstube" hatte, immer genug Geld vorhanden war und die Eltern ihr sogar eine Privatschule als Ersatz für die „normale" Schule „schenkten", sei nur sie etwas „Besseres". Sie wuchs in purem Reichtum auf und sie war stets mit „Gleichgesinnten" zusammen. Da ist nun mal das Glas Champagner so, wie für andere Menschen eine einfache Limonade. Nun kommt sie in eine fremde Stadt, kennt keinen. Aber sie soll sich einmal „auf eigene Füße" stellen. Das wünscht sich der Vater, der sich ein Unternehmen hart erarbeiten musste, als er jung war. Seine Tochter weiß aber gar nicht so recht, was sie nun tun soll. Diese junge Frau muss sich nun einen Job suchen. Was für eine unbequeme Last auf sie zukommt …

Auf einmal hat sie keinen Vater mehr im Hintergrund, der alles bezahlt. Der Vater hat die Tochter beobachtet und will jetzt „die Notbremse ziehen", damit die Tochter das Leben lernt. Da sich der Vater aber meistens um den Aufbau des Unternehmens kümmerte, überließ er die Erziehung der Ehefrau. Jedoch hat diese Frau sich schon an das Leben in der „High Society" gewöhnt und genießt es. Kindererziehung, nein, da muss schnell ein Kindermädchen her. Natürlich aus gutem Hause, gut erzogen, beste Manieren, hierauf wurde peinlichst geachtet. So wird die Tochter nicht erzogen, sondern eher verzogen. Das „normale" Leben kennt sie kaum.

Nun bewirbt die Tochter sich in einem Restaurant, weil sie keine wirkliche Ausbildung hat und ihr Vater dafür sorgte, dass die Leute, die ihn und seine Familie gut kennen, seine Tochter nicht einstellen. Er würde sonst nicht das erreichen, was er will. Seine Tochter soll lernen „normal" zu sein. Nach langem Hin und Her bekommt die Tochter einen Job als Kellnerin. Schon das ist ihr zuwider. Sie und eine einfache Kellnerin? Nein. Aber sie möchte auch das große Geld ihres Vaters wieder haben und so nimmt sie diese „Lehre" in Kauf. Da sie sich mit dem ersten verdienten Geld nicht einmal mehr einen Clubbesuch leisten kann, den sie sonst fast täglich „genießt", wird sie eventuell nur abweisend gegenüber anderen sein. Denn, wer sind schon die anderen? Oder vielleicht lernt sie dazu und wird sich auch einmal anderem und anderen beugen. Spielt sie nur für gewisse Zeit eine Rolle oder gibt ihr das „normale" Leben etwas? Vielleicht bleibt es für sie nur ein lästiges Verlangen ihres Vaters. Sie wird lernen müssen, was es heißt, für sich selbst zu sorgen, auch Sorgen zu haben, wie man am nächsten Tag zur Arbeit geht, ob gut gelaunt oder eventuell nur unglücklich. In diesem Lernprozess wird ihr nichts geschenkt und es gibt keine goldene Suppenkelle mitgeliefert. Sie wird lernen oder nicht.

Fazit hieraus: Geht die Tochter den Weg, den sie gehen soll und lernt, dann wird sie eine wunderbare Erfahrung im Leben machen, die sie weiterführen kann. Sie kann nicht nur sich, sondern andere Menschen glücklich machen.

Geht sie einen Weg, der nur bequem ist für sie, gaukelt dem Vater vor, wie toll das alles sei und schlüpft nur in diese brave Tochterrolle, dann wird sie nichts gelernt haben und den Vater, wenn er dahinterkommt, sehr enttäuschen. Sie wird aber auch eine wichtige Erfahrung nicht machen: Sich und andere wirklich lieben zu lernen.

Beispiel 2:

Es kommt eine Frau in die glückliche Lage, den Mann fürs Leben zu treffen. Doch, wie so oft, kommt ein weiterer Mann ins Spiel, der sich ebenfalls für diese Frau sehr interessiert. Wir geben der Frau den Namen Tina, dem Mann, der ihr gefällt Peter und der zweite Mann heißt in diesem Beispiel Richard. Tina schwärmt schon für ihren Traummann Peter, da wird Richard eifersüchtig und setzt alles daran, Peter vor allen schlecht dastehen zu lassen. Richard verbündet sich aber zunächst mit seinem engsten Konkurrenten und bietet ihm die Freundschaft an. Nichtsahnend freut sich Peter sogar über diese nette Geste. Nun bekommt Richard Zugang zu Peter und somit auch zu Tina. Nach außen hin mimt er den Freund und Frauenversteher. In Wahrheit liebt er es zu erobern und wenn er seine Eroberung dann „ausgeschlachtet" hat, lässt er sie wieder fallen.

Aber zuerst ist alles gut. Wenn er glaubt, dass der Zeitpunkt gekommen ist, ändert er sein Verhalten. Lieb und nett gibt er sich im Beisein von Tina. Ist sie außer Reichweite, da beginnt er sogar im Beisein von Peter, diesen lächerlich vor anderen zu machen. So erreicht er, dass die angeblich beste Freundin von Tina ihr „steckt", dass Peter wohl nicht der Mann ist, den sie sich erträumt. Zweifel kommen auf und da nutzt Richard die Gunst der Stunde und verführt Tina. Nach der erreichten Siegestrophäe lässt er allerdings recht schnell von Tina ab. Sie ist nun bedeutungslos geworden, denn er hat bekommen, was er wollte. Eine weitere Trophäe und den Sieg über Peter.

Sein Verhalten ist ärmlich, aber er hat das Glück zweier Menschen zerstört. Jetzt wird sich wieder zeigen, ob es Liebe, und zwar die wahre Liebe zwischen Tina und Peter ist. Denn ist es die wahre Liebe, so haben sie eine reelle Chance, einen Neubeginn – ohne Richard –.

Richard wird immer Menschen benutzen und unglücklich machen, es sei denn, man würde das Gleiche mit ihm tun. Da sind diese Leute dann schon empfindlicher. Das Verhalten ist nicht nur boshaft, sondern mehr als fraglich. Leider weit verbreitet im Leben.

184

Beispiel 3:

Ein junger Mann ist von Geburt an behindert. Er kann kaum sprechen, also wird er schon aus diesem Grunde von den meisten Menschen gemieden. Nun kommt eine Frau in sein Leben, die es mit keinem Menschen ehrlich meint. Sie ist gierig auf alles, was mit Ruhm zu tun hat. Da bekommt der junge Mann eines Tages die Möglichkeit im Fernsehen aufzutreten, weil ein Sender gerade über behinderte Menschen berichten möchte. Die Frau hört davon und freundet sich urplötzlich mit dem behinderten Mann an. Froh, dass ihn einmal jemand so akzeptiert, wie er ist, nimmt er diese „Freundschaft" gerne an. Natürlich soll darüber berichtet werden, welches Umfeld der junge Mann hat. Schnell ist sie zur Stelle. Geschminkt, aufgetakelt, so wird sie sich ins rechte Licht, sprich: in Szene setzen. Der junge Mann ist dabei eher nur Nebensache und ein Opfer, das benutzt wird. Vor der Kamera mimt sie zunächst die liebevolle Freundin, die gerne den behinderten Mann unterstützt und „betreut". Ist die Kamera aus und sie hat ihr Ziel, Aufmerksamkeit in den Medien zu erlangen, erreicht, so geht sie hin und ist auf einmal keine Freundin mehr. Sie stößt den jungen Mann weg.

Presseleute interessieren sich auf einmal für diese „Dame", die nicht nur attraktiv ausschaut, sondern auch noch Gutes tut. So benutzt sie ein hilfloses Wesen für ihre Zwecke. Sie ändert für kurze Zeit ihr wirkliches Verhalten und geht soweit, die Hilflosigkeit dieses Wesens auszunutzen, das eigentlich ihre Hilfe benötigt hätte.

Hier würde sie gut daran tun, auf ihren Ruhm zu verzichten und weiterhin Gutes zu tun. Sie könnte dazugelernt haben, denn eigentlich hätte sie – auch wenn sie eher gefühlskalt ist – das Schicksal des behinderten Mannes mehr berühren können. Immer wieder wird es diese Leute geben, aber auch sie könnten lernfähig sein.

Es gibt so viele Missstände, die im Einzelnen gar nicht aufgeführt werden können. Obwohl die Menschen sagen, sie gehen gut miteinander um, tun sie es dann meistens nicht. Alle sind eben „nur" Menschen, denn der Mensch wird geboren, um zu lernen, um Liebe zu geben und sich weiter zu entwickeln. Ein Erlebnis sollte einem helfen, das Leben gelungen fortzuführen, denn alles Erlebte hat seinen Sinn. Leider auch traurige und schmerzhafte Erfahrungen.

Viele Menschen geben zu schnell auf. Sie schmeißen alles hin, wie das so schön heißt. Man kann so viel erleben: Gutes wie Schlechtes, Gemeines wie Liebevolles. Alles gehört zum Leben dazu.

„Man sollte aus Allem lernen, auch wenn es noch so weh tut. Jeder Tag ist ein neuer Tag. So gebt niemals auf und geht weiter im Leben."

Ja, das habe ich schon oft in meinen Botschaften, die ich dank der Hilfe meiner Engel erhalten darf, gelesen. Manchmal fällt es einem wirklich schwer, einfach weiterzugehen. Aber aufgeben scheint tatsächlich nicht der rechte Weg zu sein. Oft haben wir Menschen die Kraft und den Mut verloren, das ist wohl normal. Sich wieder aufzuraffen ist oft Schwerstarbeit, aber wir sollten es immer wieder versuchen.

186

„Mag der Weg auch noch so steinig sein, es gibt immer einen Weg, der einen auf den richtigen Pfad zurückbringt", so schrieben es mir meine Engel. Da denkt man als Mensch wieder, dass die Engel da „oben" gut reden haben. Aber es ist die Wahrheit.

Hat man keine Kraft mehr, so muss man die Hilfe anderer in Anspruch nehmen. Leider muss man als Mensch immer wieder aufpassen, dass man nicht an falsche Leute gerät. Das kann einem überall passieren. Jeder von uns ist ein Mensch, ob er guter Dinge oder schlechter Dinge ist. Auf seine innere Stimme sollte man schon hören. Das tun nur die Wenigsten von uns.

An Engel zu glauben ist wichtig. Egal, ob man daran glaubt, dass es Engel gibt oder nicht. Unsere Engel werden den Menschen niemals enttäuschen.

Die Menschen werden beeinträchtigt durch viele Einflüsse, die das Leben mit sich bringt. Es sind nicht nur die Umwelteinflüsse wie Gase, Nöte, Leid, sondern auch Blockaden. Blockaden sind negative Ströme, die einer sich selbst auferlegt oder einem durch andere zugefügt werden.

Selbst auferlegen kann man sich die Blockaden, wenn man als Beispiel negativ denkt. Oft schon gehört hat man von positiven Energien, aber auch von negativen Energien. Einige glauben es, andere werfen es wieder sofort beiseite und sagen, dass das alles Humbug ist.

Jedoch ist es keinesfalls Quatsch, Blödsinn, wie auch immer man es nennen will. Das gibt es tatsächlich.

Negative Energien sind negative Gedanken. So zieht man bei negativem Denken förmlich Negatives an. Unvorstellbar für Manche, aber leider ist es die Wahrheit. Denkt man permanent an das Schlechte, so wird man es an sich ziehen. Der Mensch kommt in den Kreislauf des Negativen. Seine Aura verändert sich. Aura ist die Hülle des Menschen und etwas, das einen unsichtbar umgibt. „Es sieht der Mensch dies nicht, weil es nicht für das menschliche Auge sichtbar ist, jedoch spürt man es."

Man spürt, ob man sich gut oder schlecht fühlt. Fühlt man sich gut, ist alles in Ordnung mit der Aura. Allerdings fehlen Farben in der Aura, wenn der Mensch sich nicht gut fühlt. Dann müssten diese Farben aufgefrischt werden. Hier kann ein spiritueller Helfer, ein sogenannter Lichtarbeiter, Gutes tun. Natürlich werden jetzt Einige quasi alles in Frage stellen, weil dies nicht etwas ist, was sich für das menschliche Auge oder den Verstand sofort beweisen lässt. Man müsste es für sich selbst ausprobieren. Aber da wird es wieder Zweifel geben oder von vornherein abgelehnt werden.

Auf der einen Seite ist dies verständlich. Auf der anderen Seite ist es nichts anderes, als ob man ein paar neue Schuhe kauft und man vor dem Spiegel steht und sich fragt, ob die zu einem passen und das nicht nur farblich gesehen. Aber das muss jeder für sich selbst entscheiden, ob er das möchte oder nicht. Man kann Niemandem vorschreiben etwas zu tun, auch hier nicht.

Blockaden kann man sich nicht nur alleine auferlegen, sondern man kann diese ebenfalls durch Lebenseinflüsse erhalten. Es ist alles möglich.

Hierzu einige Beispiele:

Beispiel 1:

Eine Frau glaubt, eine andere Person gut zu kennen und vertraut ihr. Da wird sie enttäuscht, weil diese Person sich als unselig niederträchtig herausstellt. Durch das Vertrauen, das diese Frau der anderen Person geschenkt hat, kann diese Person nun gegen die Frau „arbeiten". Zum Beispiel kann diese Person dies durch schlechtes Reden über sie oder auch leider durch negatives Denken tun. Denn negatives Denken funktioniert gut, wenn ein Mensch schon angegriffen ist.

So kann ein anderer dem anderen durch negative Gedanken Schlechtes wünschen. Fließt erst einmal der negative Strom, so wird der schon am Boden zerstörte Mensch gut die negativen Ströme aufnehmen, ohne dass er das weiß. Man fühlt sich dann noch schlechter. So geht das immer weiter und kann zum kompletten Zusammenbruch des Menschen führen. Traurig, aber wahr.

Nun werden Viele an diesen Aussagen zweifeln, was wir verstehen können, aber schaut jeder einmal in sich selbst oder um sich herum, so wird er vielleicht Einiges nicht mehr anzweifeln. Nachdenken statt sofort los reden, wäre gut. Man sollte nicht alles, was man mit menschlichem Verstand nicht verstehen kann oder dem menschlichen Auge nicht sehen kann, gleich als Humbug oder Blödsinn abtun. Das macht der Mensch im „normalen" Alltag eher selten. Da hinterfragt man Manches, auch wenn man sich nicht direkt dafür interessiert. Der Alltag bringt öfter Zweifel mit sich, trotzdem wird Vieles nicht sofort so dargestellt, wie es bei der Spiritualität getan wird. Sicher gibt es unter denjenigen, die Spirituaität leben, einige, vor denen sich der Mensch fürchtet und auch fürchten kann, jedoch gibt es das im „normalen" Leben ebenfalls.

Wir Menschen kaufen uns zum Beispiel beim Bäcker ein Brötchen und wenn es nicht schmeckt, so kaufen wir beim nächsten Mal eben woanders das Brot. Nichts anderes ist es, wenn man schlechte Erfahrungen mit Menschen gemacht hat. Pauschal zu denken wäre hier unangebracht. Sicher ist es verständlich, wenn man vorsichtiger wird. Doch alle „über einen Kamm zu scheren", das ist nicht gut. Viel zu schnell ordnet man die Menschen dann falsch ein oder geht erst gar nicht auf sie zu. Dann „igelt" man sich leider ein oder lässt keinen mehr an sich heran.

So im kommenden Beispiel 2:

Eine Frau ist von ihrem Freund betrogen worden. So glaubt sie, dass nun alle Männer sind wie er. Doch das wäre wieder ein Vorurteil anderen gegenüber, die für das falsche Handeln des „Freundes" nun keinerlei Verantwortung übernehmen können. Immer wieder kann ein Mensch darunter sein, der einen enttäuscht, betrügt, belügt. Menschen sind oft so geschaffen und/oder mit auferlegten Blockaden versehen worden.

Blockaden in diesem Fall könnten sein: a) Falsche Freunde, b) Notlage, die allerdings keine Betrügereien rechtfertigt c) Schwierigkeiten mit den anderen Menschen, jedoch kann man keinem anderen dafür die Verantwortung übertragen oder für die Fehler anderer „büßen" lassen. Blockade ist hier eine Seelenqual, die die Frau aus dem Schmerz der Enttäuschung heraus bekommen hat. Vertrauen fehlt. Sie kann wahrscheinlich keinem mehr richtig vertrauen. Durch diese Blockade entstehen ebenfalls gesundheitliche Probleme, sei es im Bereich des Magens und Darms oder der Gelenke als Beispiel.

Es gibt noch mehr Möglichkeiten der gesundheitlichen Angriffe auf den ganzen Körper, wenn Blockaden entstanden sind. Alles würde dann meist mit einer sogenannten Blockadenlösung vorbei sein. Es müssten mehrere erfolgen. In Abständen von einigen Wochen wäre dies gut. Doch selbst wenn man sich dazu entschlossen und den Mut gehabt hätte, zu einem sogenannten Lichtarbeiter zu gehen, so würde man spätestens nach 2 Wochen etwas daran zweifeln, weil ja alles nicht direkt weg ist. Ungeduld ist das nicht ganz, aber wieder die Zweifel, die stark aufkommen, ob das denn alles mit „rechten Dingen" zugeht.

Aber so ist das oft als Mensch. Zweifel über Zweifel plagen einen. Dass man mit mehreren Blockadenlösungen bestens auf den rechten Weg gebracht wird, daran werden die Wenigsten glauben wollen.

Die Blockaden bekommen wir als Menschen also von uns selbst oder durch andere. Man kann sich das kaum vorstellen, aber man spürt, wenn man genau in sich hineinhorcht, dass das die Wahrheit ist.

So auch im Beispiel 3:

Ein Mann lebt nun am Rande des Existenzminimumums. Er hat sich selbst eine Blockade auferlegt, in dem er das Leben schleifen lässt. Getragen wird dies durch Fehlentscheidungen, ob diese nun von ihm selbst oder anderen getroffen wurden. Seinen gut bezahlten Job verlor er durch sein Alter. Alt ist er eigentlich nur auf dem Papier, für mögliche neue Arbeitgeber, weil die Gesellschaft heute Menschen ab 40 arbeitsmäßig schon als alt „abstempelt". Nun hat er sich etliche Male beworben, um seinen Lebensunterhalt zu verdienen. Nichts gelang ihm. Er wurde abgelehnt, weil er laut den anderen mit 50 zu alt gewesen ist, um sich einer neuen Herausforderung zu stellen. Das hat ihm sehr zugesetzt und er zog sich mehr und mehr zurück.

Blockaden entstehen nun, wenn er durch das angebliche „Versagen" kränkelt. Aus dem Kränkeln kann sogar eine tiefe Depression entstehen, die wiederum kann weitere Erkrankungen herbeiführen. Oftmals geht der Mensch dann zum Arzt, weil dieser die Ursache dafür finden soll. Dabei wird der Arzt eventuell körperlich nicht viel herausfinden. Der Mann als Beispiel kann als psychisch krank dargestellt werden. Es stimmt sicherlich, dass seine Psyche angegriffen ist, jedoch hat dies mit der psychischen Erkrankung, wie er dies vom Arzt eventuell diagnostiziert bekommt, oft weniger zu tun. Auch hier gibt es Unterschiede, die nur nicht richtig erkannt werden, da man hier nicht immer den einzelnen Menschen sieht, sondern pauschal behandelt. Schlägt der Arzt dem Patienten in diesem Fall dann vielleicht einen Psychotherapeuten als Behandlung vor, so wird der Mann sich in diesem Beispiel als so seelisch krank vorkommen, dass ihn das noch mehr verzweifeln lässt. Nun haben negative Ströme enorm viele Möglichkeiten, diesen Menschen an sich anzubinden und quasi fast lebendig emotional sterben zu lassen. Für Einige klingt das jetzt sicher theatralisch, aber es ist die Wahrheit.

Mit viel Liebe und Geduld könnte dieser Mensch wieder auf den rechten Weg gebracht werden oder er müsste den Mut haben, sich einem guten Lichtarbeiter anzuvertrauen, der seine Aura reinigt und eine Blockadenlösung vornimmt. Das wäre sicher ein guter Weg. Leider machen das nicht allzu viele Menschen, weil sie fürchten, an den falschen „Macher" zu gelangen. Doch der falsche Macher, nämlich das Böse, hat sie schon längst vereinnahmt auf ihrem Weg. Gelungen kann hier die Liebe und eine Aurareinigung helfen.

Blockaden hat dieser Mensch sich aber nicht nur alleine auferlegt, sondern es wurde auch durch andere dazu viel beigetragen. Das kann in diesem Fall der mögliche neue Arbeitgeber gewesen sein, der den Mann sofort ablehnt oder ihn bei einem Vorstellungsgespräch sehr gut sichtbar merken lässt, dass dieser Mann nicht für ihn in Frage kommt. Da genügt ein prüfender Blick des möglichen neuen Chefs, der vielleicht gerade schlechte Laune hat, die er an diesem armen Mann, der nur einen neuen Job sucht, auslässt.

Es gibt weitere Blockaden, die nicht nur auf das derzeitig genannte Beispiel zutreffen. So können andere Menschen einem leichte bis sogar sehr schwere Blockaden auferlegen. Das funktioniert folgendermaßen: Durch negative Ströme, die als Beispiel sein können: Miese Laune, schlechte Erfahrungen, schlechtes Lebensbild, schlecht reden über den anderen, ihm sogar Böses wünschen wie: Der hat es nicht anders verdient, als das er jetzt so dumm dasteht. Dies ist nur ein sehr kleines Beispiel.

Es kann der Mensch sogar so weit gehen, dass er die schwarze Magie zur Hilfe nimmt. Diese Möglichkeit ist weiter verbreitet, als die Menschen es nur im Geringsten ahnen. Mit Liebe, Stärke und weißer Magie kann man diesem Bösen widerstehen. „Das ist die Wahrheit", so beschrieben es mir meine mich begleitenden Engel.

Das ist alles sehr traurig, doch leider habe ich so etwas am eigenen Leib erfahren müssen. Nicht nur ich, sondern auch meine Familie. Es ist unfassbar, was Menschen alles unternehmen, um anderen Schaden zuzufügen.

Der Rat meiner Engel dazu lautet: „Gebt euch Liebe, zeigt Stärke, geht gut miteinander um und lernt, dann kann euch nichts geschehen."

Jetzt werden Viele auch das alles anzweifeln, aber wenn sie in Ruhe in sich hineinhorchen, dann werden sie das alles verstehen lernen. Das ist alles machbar. „Die Wahrheit ist das Wort der Engel", so diktierten sie es mir.

Ob es jemand glaubt oder nicht, das kann wieder jeder für sich selbst entscheiden. Aber dass meine Engel die Wahrheit sagen, glaube ich. Warum sollten sie das nicht tun? Dass ich das alles nicht selbst niedergeschrieben habe, sondern mir von meinen mich begleitenden Engeln diktiert wurde, weiß ich ganz sicher.

Anhand einiger Beispiele können wir auch die weiteren Blockaden, die das Leben mit sich bringt, erkennen. So spielen mehrere Faktoren immer wieder mit: Eigenschaften, Lebensumstände, Bekanntschaften, Freunde, Familie, Situationen. Alles hat damit zu tun, ob man selbst Blockaden bildet, ob andere es für einen tun oder ob weitere Dinge und Machenschaften im Spiel sind.

Beispiel 1:

Ein Mann lebt auf sogenanntem „großen Fuß". Er will reich sein, hat viele materielle Wünsche. Nur die wahre Liebe kennt er nicht. Doch auf seinem Weg trifft er nicht nur nette Menschen. Viel Neid kommt auf, weil manche Leute so viel Geld haben wollen wie er. So kann es passieren, dass ihm Böses gewünscht wird aus Neid, Eifersucht, Habgier, was auch immer es sein mag. Die Menschen können sogar so weit gehen, dass sie mit neidvollen Gedanken ihm Schlechtes wünschen, zum Beispiel, dass er arm wird, krank wird. Jetzt kommt es darauf an, wie gefestigt dieser Mensch ist. Ist der Mann nur immer positiv eingestellt, mit positiven Energien umgeben, so auch mit positivem Umfeld, kann ihm eigentlich nichts geschehen.

Doch ist er nur nach außen hin reich, trägt innerlich viel Leid, darunter Lieblosigkeit mit sich, so wird er negative Ströme an sich binden können. So hätten dann andere, die Böses mit ihm tun wollen oder getan haben, gutes Glück, um ihn in negative Bahnen zu ziehen. Dann können bösartige Wünsche leider gut funktionieren. Bei diesem Mann könnte hinzukommen, dass er sich selbst Blockaden auferlegt. Spürt er den Neid, kann es sein, dass er sich von Menschen zurückzieht. Hier kann wieder passieren, dass er falschen Menschen glaubt. Es gibt hier, wie überall, vielerlei Möglichkeiten.

Beispiel 2:

Eine Frau geht einen leidvollen Weg. Schon als Kind fühlt sie sich ungeliebt durch ihre Eltern. Sie dachte immer, sie sei nicht gut genug für diese Welt. Da traf sie immer wieder auf Personen, die ihr ständig das Gefühl gaben, ein Nichts zu sein. Oft bekommt der Mensch das Gefühl, weil er selbst daran glaubt, so zu sein. Es ist korrekt, dass durch fehlende Liebe der Weg der Menschen, egal ob Frau oder Mann, sehr leidvoll sein kann. Aber da ist dieses arme Wesen von vornherein schon arg belastet durch sehr negative Einflüsse im Leben, denn die elterliche Liebe ist der Beginn des irdischen Lebens. So spürte diese Frau keinerlei Liebe, Belastung Nr. 1.

Weitere Belastungen sind die Lieblosigkeiten anderer auf ihrem Weg, sei es durch weitere Anverwandte, angeblichen Freunden, wie auch immer. Blockaden entstehen daraus ganz sicher, die sich später sogar gesundheitlich auf diese Frau ausgewirkt haben. Schon früh bekam sie Asthma. Die Blockade, nicht richtig atmen zu können, entstand durch die vielen Lieblosigkeiten, die sie in jungen Jahren schon erfahren musste. Wegen dieser Umstände, die sie als Kind bereits ertragen hat, entstanden auch eigene Blockaden. Als Beispiel, dass sie sich nicht gut genug für alles fand. Diese arme Frau wird so weiter getragen werden, da sie sich schon in einem großen negativen Strudel befindet. Schafft sie es nicht, aus diesen negativen Energien alleine herauszukommen, so braucht sie dringend Hilfe. Allerdings kann hier weniger ein Psychotherapeut oder Ähnliches helfen, sondern eher ein Lichtarbeiter, der gut ist. Als Beispiel hier wieder die Blockadenlösung. Obwohl viel missachtet, ist dies ein gutes Werk. Man sollte den Arzt oder Therapeuten zwar immer befragen und eine Blockadenlösung sollte auch den Gang zum Arzt nicht ersetzen, aber um an den Kern der Ursache zu gehen, ist der Weg der Blockadenlösung sehr gut.

Beispiel 3:

Ein Mann lebt auf einem Gut, das ihm gehört. Eines Tages gerät er in eine Sucht, egal ob nun Alkohol, Spielsucht oder anderes. Sein Werk, das Gut, das er aus voller Leidenschaft geschaffen hat, geht in den Ruin. Falsche Freunde, armseliges Handeln durch falsche Ratschläge, Spielsucht, was auch immer hier den Weg steinig für ihn gemacht hat, er musste zwangsweise alles aufgeben. Um ihn herum war alles dunkel geworden. Nichts gelang. Nichts konnte ihn befriedigen. Machtspiele kamen hinzu. Ein anderer wollte sein Gut kaufen, er lehnte ab. Er wollte alles erreichen und verlor.

Blockaden bekam er durch Machtspiele anderer. Eigene Blockaden durch den Alkohol. Seine heile Welt zerbrach. Aber aus dieser Blockade, die andere ihm auferlegt haben, kommt er nicht ohne Hilfe heraus. Hilfe durch Liebe, durch gute und wirkliche Freunde, Hilfe durch die Familie. Es geht immer, dass man anderen hilft, doch oft wird einem dies verwehrt. Andere sehen oftmals lieber zu, ohne für den anderen wirklich da zu sein.

Aus der eigenen Blockade herauszukommen ist oftmals schwer. Zuerst müsste der Mensch sehen, was falsch läuft oder gelaufen ist. Da Viele sich davor selbst sperren, ist der Weg ins Positive oft nicht so einfach.

Positive Gedanken erzeugen positive Energien.

197

Nun fragt man sich, wie kann man überhaupt positiv denken, wenn es einem so schlecht geht? Das ist ganz sicher nicht leicht, jedoch absolut machbar.

„Fragt und bittet eure Engel, sie werden immer für euch da sein und euch zur Seite stehen", diktierten es mir meine Erzengel und Engel. „Bittet um Hilfe und sie sei euch gewährt. Ave."

Ja, das klingt einzigartig und gut. Viele glauben daran, dass sie einen Schutzengel haben. Leider lehnen es viele Menschen direkt ab, schieben es abermals als Humbug weg. Sie sagen, das kann doch alles nicht sein.

Es ist so. Das kann ich aus eigener Erfahrung bestätigen. Viele haben mich dafür schon verhöhnt und die Bücher, die ich zuvor schrieb, nie richtig ernst genommen. Aber es ist richtig. Engel lassen einen nie im Stich. Wir müssen nur beten und sie um Hilfe bitten.

Blockaden, die man von anderen Menschen oder ihrer Machtwerke erhält, sind leider vielfältig. Blockaden, die man sich auferlegt, zum Beispiel mit trüben Gedanken, ebenfalls. Doch man kann die Blockaden lösen, indem man an Gott und die Engel glaubt, sie bittet zu helfen und positiv durchs Leben geht. Eigentlich ist das alles recht einfach, aber wir Menschen machen uns das Leben oft selbst schwer.

Nun kann man wieder alles anzweifeln, doch der Mensch sollte es einfach einmal bei sich selbst versuchen. Positiv denken, seine Vergangenheit Revue passieren lassen und sich Gedanken darüber machen, was daran falsch gewesen sein könnte. Dabei sollte man objektiv an dies herangehen, sich weder etwas madig noch etwas schön reden wollen.

Wenn man tief und in aller Ruhe in sich hineinhorcht, wird man wahrscheinlich schon so manche Lösung von alleine finden.

Aber zuerst müsste jeder Mensch bereit sein, das Leben anzunehmen, egal, wie gut oder wie schlecht es bis eben noch gelaufen ist. Wie war noch der Satz meiner Engel: „Jeder Tag ist ein neuer Tag."

„So beginnt mit Glückseligkeit den neuen Tag. Ihr werdet erleben, wie schön das Leben sein kann. Ave."

Es gab einmal ein Lied, wo man täglich seine Sorgen zählte. Man soll seine Schwierigkeiten, die der Alltag mit sich bringt, nicht als sinnlos oder was auch immer abtun, doch Sorgen zählen sollte man auch nicht. „Es hat alles seinen Sinn im Leben", bekam ich immer wieder in meinen Botschaften diktiert. Manchmal habe ich diesen Sinn nicht verstanden oder kann Manches, was passiert, immer noch nicht recht begreifen. Aber wir Menschen sollten uns in Ruhe darauf besinnen, was wirklich gut ist. Gut für andere, die wir wirklich lieben. Gut für uns selbst. Man vergisst oft sich selbst zu lieben. Das ist der erste Schritt, um andere lieben zu können. Wirklich lieben.

„Liebe ist und bleibt das allerhöchste Gut auf der Welt und so soll es sein. Amen", so meine Erzengel und Engel. „Wenn ihr Menschen nicht mehr weiter wisst, dann betet. Gebt euch Liebe, seid treu euch und anderen, die der Liebe würdig sind. Alles wird gut sein. Ave."

Es fiel mir wieder der Spruch aus meinem Poesiealbum ein: Wenn du meinst es geht nicht mehr kommt von irgendwo ein Lichtlein her.

„Gott sendet Liebe, Gott sendet Licht. Er wärmt und umgibt uns mit Liebe, die so wichtig ist. Amen."

„Ein Tag, der neu beginnt ist ein guter, wenn der Weg euch in Liebe begegnet", so die Schlussworte der Erzengel und Engel, die uns begleiten.

Gebete:

Lieber Gott,
liebe Erzengel und Engel, die mich begleiten,

ich bedanke mich dafür, dass die schlechten und negativen Energien sogleich transformiert werden in Licht
und Liebe. Danke. Amen
....

Lieber Gott,
liebe Erzengel und Engel, die mich begleiten,

ich bitte um ... (Wunsch des Menschen)
Danke. Amen.
....

Lieber Gott,
liebe Erzengel und Engel, die mich begleiten,

schenkt mir bitte Mut, Kraft und Stärke. Lasst mich Liebe spüren und Liebe geben.
Danke. Amen.

…………………………………………………

So einfach können Gebete sein und Gott und die Engel werden uns erhören. Nur sollten wir nicht gleich große Wunder erwarten. Die Erwartungshaltung eines Menschen ist manchmal sehr hoch.

„Wartet ab, es wird euch nichts geschehen, wenn ihr die Wege Gottes geht. Amen."

Herzlichen Dank

Meinen Erzengeln und Engeln, die mir geholfen haben, dieses Buch zu schreiben, danke ich von ganzem Herzen. Dabei gilt mein besonderer Dank Erzengel Metatron und Erzengel Uriel, die mir das Meiste diktiert haben. Aber auch bei allen anderen Erzengeln und Engeln, die mich liebevoll begleiten, bedanke ich mich in aufrichtiger Liebe.

Von ganzem Herzen und in unendlich großer Liebe bedanke ich mich bei meinem Engel David, meinem Engel Dennis und meinem Engel Heinz, die ich auf dieser Erde glücklicherweise als meine geliebten Kater und meinen geliebten Vater kennenlernen durfte. Sie werden immer ein Teil von mir sein.

Dem lieben Gott danke ich, dass er mir meine Erz-engel und Engel zur Seite stellt und wir unsere Liebe leben, auch über den Tod hinaus. Alles ist gut. Amen.

Ganz herzlich bedanke ich mich bei meiner geliebten Mutter und meiner geliebten Schwester für all die Lie-be, die sie mir schenken und für all die Unterstützung, die sie mir geben.

Auch bedanke ich mich bei Marlene für ihre Unter-stützung, obwohl ich sie in finanzieller Hinsicht nicht reich beschenken kann.

Bei allen Menschen, die mir glauben und mir liebevoll begegnen, bedanke ich mich. Es bedeutet mir sehr viel, dass nicht alle an mir zweifeln.

Allen Zweifelnden danke ich, dass sie trotzdem mein Buch zu Ende gelesen haben und wünsche Ihnen die Kraft und den Mut alles zu verstehen. Vielleicht lesen sie das Buch noch einmal, dann ohne Zweifel und mit mehr Vertrauen. Es lohnt sich.

Vielen lieben Dank.

Vita der Autorin

Gabriele Kuppe erblickte das Licht der Welt im Rheinland. Ihre Kindheit und Schulzeit verbrachte die Autorin im Ruhrgebiet. Mit achtzehn Jahren kehrte sie mit ihrer Familie zurück ins Rheinland.

Ihre berufliche Laufbahn begann als Rechtsanwaltsgehilfin. Später arbeitete sie sehr lange in einer Hypothekenbank als Kundenbetreuerin.

Gabriele Kuppe interessierte sich immer mehr für die Naturheilkunde und absolvierte erfolgreich einen Bachblütenlehrgang sowie ein Homöopathiestudium.

Dass es Dinge zwischen Himmel und Erde gibt, die man nicht so einfach erklären kann, das war ihr schon lange bewusst. Doch vor einigen Jahren passierte etwas – auch für sie selbst zunächst – recht Seltsames. Plötzlich verspürte sie den Drang zu Kugelschreiber und Papier zu greifen, aber das, was da niedergeschrieben wurde, entstand nicht durch sie selbst, sondern ihre rechte Hand wurde geführt. Fortan bekam die Autorin Botschaften von Engeln. Am Anfang half man ihr ganz sicher mit diesen Botschaften über den Tod ihrer geliebten Kater hinweg, und es entstand ihr erstes Buch.

Die Zusammenarbeit zwischen den sie begleitenden Engeln und Gabriele Kuppe funktionierte immer besser. Heute weiß sie, dass ihr diese besondere Gabe geschenkt wurde, um anderen Menschen liebevoll und hilfreich mit ihren Büchern zur Seite zu stehen.

www.gabriele-kuppe.jimdo.com